新\时\代\中\华\传\统\文\化
▪ 知识丛书 ▪

中华传统礼仪

主编◎李燕 罗日明

海豚出版社
DOLPHIN BOOKS
CICG 中国国际传播集团

图书在版编目（CIP）数据

中华传统礼仪 / 李燕, 罗日明主编 . -- 北京 : 海豚出版社 , 2023.6（2024.2 重印）
（新时代中华传统文化知识丛书）
ISBN 978-7-5110-6450-9

Ⅰ . ①中… Ⅱ . ①李… ②罗… Ⅲ . ①礼仪—中国—通俗读物 Ⅳ . ① K892.26-49

中国国家版本馆 CIP 数据核字（2023）第 098521 号

新时代中华传统文化知识丛书

中华传统礼仪

李 燕 罗日明 主编

出 版 人	王 磊	
责任编辑	李文静 白银辉	
封面设计	郑广明	
责任印制	于浩杰 蔡 丽	
法律顾问	中咨律师事务所 殷斌律师	
出 版	海豚出版社	
地 址	北京市西城区百万庄大街 24 号	
邮 编	100037	
电 话	010-68325006（销售） 010-68996147（总编室）	
印 刷	河北鑫玉鸿程印刷有限公司	
经 销	新华书店及网络书店	
开 本	710mm×1000mm 1/16	
印 张	10	
字 数	85 千字	
印 数	5001—8000	
版 次	2023 年 6 月第 1 版 2024 年 2 月第 2 次印刷	
标准书号	ISBN 978-7-5110-6450-9	
定 价	39.80 元	

中华传统礼仪有几千年的历史，经过无数次变革和传承，它在历史变迁当中顽强地生存，并与现代的思想融合，最终形成了中国人日常所用的礼仪。

经历了历史的跌宕起伏，中华传统礼仪仍然经久不衰，原因之一是它体现了我国传统文化的深刻内涵。先贤孔子"克己复礼为仁"的思想、传统的"礼义廉耻，国之四维"观念，都起源于礼仪。可以说，礼仪是中华文化的思想精髓。

另一个原因是它对于个人和国家影响深远。对个人而言，礼仪有助于我们个人修养的养成和完善，在礼仪的影响下，我们的道德素质会得到提升；对于国家而言，礼仪是一个国家文明程度和国民素质的象征，是我国文化复兴、国家繁荣富强的重要组成部分。

《左传》疏云："中国有礼仪之大，故称夏；有服章之美，谓之华。"中国以博大精深、积厚流光的礼仪文化，备受其他国家的赞誉，素来有"礼仪之邦"的美名，成为中华优秀传统文化不可分割的一部分。如今，整个社会开始重视传统文化对人的成长和我国经济文化发展的作用，并逐步推广传统礼仪教育，这有助于我们青少年承担起传承中华传统礼仪的重任，成为弘扬和发展传统礼仪的接班人。

为了使同学们了解中华传统礼仪，我们编写了本书。本书虽然力求全面地介绍中华传统礼仪，但是中华几千年的礼仪文化并不是这一本书就能概括和总结的。希望本书能起到抛砖引玉的作用，使同学们对中华传统礼仪产生兴趣，然后带着乐趣去学习更多的内容。最后，我们由衷地希望每一个人都能成为中华传统礼仪的传承者和弘扬者！

目　录

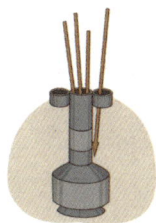

第九章　历史典故中的礼仪文化

第一章

中华传统礼仪
概　述

一、中华传统礼仪的起源

中华民族有五千年的历史，在历史文明的变迁当中，有许多礼仪积淀下来，成为中国人行为和思想的规范指引。

礼仪，指礼节和仪式，是人类为维系正常生活而制定并执行的一系列道德规范和行为准则，它是在人们的长期生活和相互交往中逐步形成的。礼因人而生，它的产生与人类社会的形成有关。

远古时期，人类还没有学会使用明火，也没有创造语言，茹毛饮血是原始人类的生活常态。渐渐地，人类学会了使用火和其他工具，并创造出可以沟通交流的语言，于是动物属性为主导的人开始成为有思想的人。群居生活的人们，要想互相配合、相互扶持，规则是必不可少的。比如，原始社会的男狩猎、女采果，就是一种约定俗成的规则。

随着人们的思想进一步发展，群体中开始出现更高智

商的个体，礼仪也就逐渐诞生了。我国古代的思想家荀子
提出过这样的说法，他指出：人有欲望，而人的欲望就是
礼仪的来源。

比如，在原始社会中，一个人类群落中男女老少都在
一起生活。群落当中，人们获得的食物数量是一定的，而
每个人都想要更多的食物，如果没有规则、没有礼仪，群
落中的人就会为了满足自己的欲望而想要占有全部的食
物，这样一来，群落最终会解散。

为了让每个人都能在集体中生活，就产生了简单的规
则。劳动多的人获得更多的食物，年长或者年幼的人获得
更多的食物，这就是最原始的礼仪。

等到人们对于自然和社会有了进一步的认识，学会了
种植作物、养殖牲畜的时候，人们开始对自然万物产生恐
惧。为什么今年没有下雨呢？为什么粮食的产量很低呢？
人们不知道这些问题的答案，便展开了猜想，放飞了思
绪，最终将这些自然现象解释为神明责怪和鬼怪作祟。就
这样，一种与礼仪密切相关的活动就逐渐产生了，它就是
祭祀。

最初的祭祀是人们为了能够安抚神明鬼怪而创造出的
一系列礼仪制度。这些礼仪包括祭祀的食物应该有哪些种
类，祭祀的祭坛应该搭建成什么形状等。礼仪源于鬼神信

仰，是鬼神信仰的一种特殊体现形式。早期的礼仪制度，正是为着处理人与神、人与鬼、人与人之间的三大关系而制定出来的。

但随着社会的发展、阶级的分化，人类把对神、对自然力的恐惧和敬畏渐渐转向人类自身，表达敬畏、祭祀的活动日益纷繁，并逐步形成固定的模式，以此来区分尊卑贵贱亲疏。就这样，真正用以约束和制约人们行为和思想的礼仪产生了。

从礼仪的起源和发展的过程来看，我们可以将礼仪的产生总结为以下三个原因：

第一，礼仪的产生是由于人生而具有欲望，只有用规则对人的欲望进行约束和规范，人类社会才能正常发展。因此，人们才创造了礼仪。

第二，礼仪的产生源自古人的鬼神信仰。正是出于对于自然万物的崇敬，人们才制定了特定的礼仪制度。

第三，礼仪的产生是统治阶级为了维护其地位，对社会做出的等级划分，并制定出相关的礼仪制度以满足其统治的需要。

不过，封建社会这种带有阶级专制目的的礼仪，最终也丧失了它的政治意义，逐渐成为约束人的行为与思想的普遍道德礼仪。

二、中华礼仪的发展历史

人们常说：中国是"礼仪之邦"。从夏商周开始到封建社会结束，再到今天，中华礼仪已经传承了五千余年，它的发展历史，需要我们学习和了解。

传承几千年的中华传统礼仪，在我国的周朝时期就已经基本形成，后来的多个朝代虽然对这些礼仪进行了一些简化和变形，但礼仪本身的架构并没有改变。

我国古代的经典著作《周礼》《仪礼》和《礼记》三部作品，基本上涵盖了整个周朝的礼仪制度。《周礼》是古人对于政治礼仪的记述，《仪礼》是古人对人们行为的规范要求，《礼记》则是对以上礼仪的详细解读。在这三本礼仪典籍的引导下，西周形成了等级森严的礼仪制度。

东周末年，天子对于国家的掌控越来越力不从心，各路诸侯又各怀狼子野心，使得整个国家已经难以按照正常的礼仪制度继续运转。这个时期，我国的传统礼仪开始出现"崩坏"，并迎来了一次变革。这次变革，也就是历史上著名的"百家争鸣"。

春秋战国时期，由于纷乱的战争和诸侯广为招贤纳士，涌现出了诸多不同学派的思想家，如儒家的孔子和孟子、道家的老子、墨家的墨子、法家的管仲和韩非等。这些思想家对于国家的政治、军事乃至礼仪制度都有着自己独到的见解。在多重的思想冲击下，周朝严苛的礼仪制度也开始革新，有了"大礼""小礼"的区分，"礼其大者在国家典章制度，其小者在平民日用居处行为之间"。

到秦始皇统一六国，建立了中国第一个中央集权的封建王朝秦朝后，为了使各国文化能够迅速融合统一，巩固政权，他对文字、车辇等方面的礼仪和规则进行了统一。就这样，中华传统礼仪在秦朝得到了强化，并为后世的礼仪体系奠定了基础。

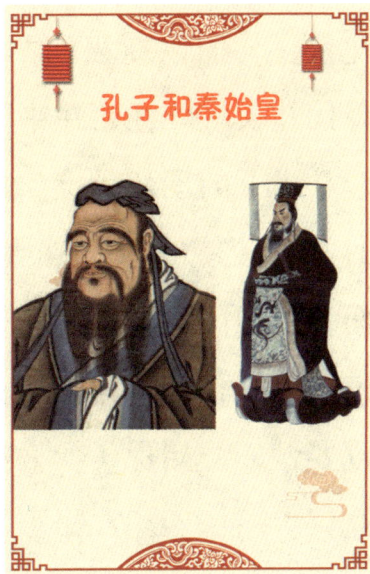

孔子和秦始皇

我国封建社会从秦朝开始，到清朝结束，延续了两千余年。这两千多年中，中华传统礼仪经历了扩充、删减、简化等变更。在这些礼仪当中，有些是统治者为了维护自己的统治地位而设立的礼仪，比如，只有皇帝能穿黄色的服饰；也有些是规范人与人交往的社交礼仪，比如，对长辈、平辈和晚辈的称呼；还有一些礼仪，是人们在生活和交往中逐渐形成的，如尊敬老师、孝敬父母等。

直至清朝覆灭，中国人长久以来的传统礼仪架构又出现了新的变化，国家元首的命令不再被人们当作圣旨，自由、平等的代表人民意志的新的礼仪制度开始出现并传播开来。

民国时期，西方的各种礼仪渐渐传入中国，从上流社会到底层民众，人们纷纷抛弃了一些延续千年的中华传统礼仪，转而以新兴的西方礼仪作为日常交际的主要形式，现代礼仪就此开始在中国遍地开花。

当下的现代社会，经历了时间洗礼和中西方文化融合的中华传统礼仪仍然在时代的发展进步中不断演变。然而，当中国人回首历史，我们猛然发现中华文化中的优良传统礼仪正在慢慢消失。所幸人们已经意识到传统礼仪的重要性，开始保护、发扬优良传统礼仪，并逐步复兴传统礼仪。

三、中华传统礼仪的定义和内涵

　　升旗仪式中我们庄严而肃穆，日常生活中我们尊老爱幼，朋友交往中我们友好互助……这些都是日常礼仪。我们已经了解了中华传统礼仪的起源和发展，接下来，让我们一起学习中华传统礼仪的定义和内涵。

　　礼仪到底是什么呢？《说文解字》中对"礼"的释义为："礼，履也，所以事神致福也。"这句话的意思是说，礼仪是人们执行的一种规则，是用于供奉神明、祈求福运的一种制度。后来，人们将礼仪引申为"理"，它既可以理解为道理，也可以理解为规则。

　　礼仪是人之常情，是君子应当拥有的德行。比如，人们在面对白发苍苍的老人时会表示敬重，遇到幼小孱弱的孩童时会进行保护，这些行为和意识，都是礼仪的一种表现；又比如，人们约定的丧葬礼仪，现代人已经知晓了人死后是没有灵魂的，但是人们仍然会按照传统的丧葬礼仪安葬逝去的人，这其中体现的就是人们对于逝去亲人的思念和哀悼，也是"顺人情"的礼仪表现。可以说，中华传统礼仪是经过几千年的积淀而最终固定下来的一套维系人类社会生活和交际不可缺少的规范。

礼仪是一种规则，是秩序的代名词。封建社会的礼仪是统治者为了约束民众而制定的一系列规则，它主要是用于区分人与人之间的尊卑等级，保障上层社会的优越性。比如，古代的车辇礼仪，皇帝出行可以乘坐既宽敞又明亮，且由多人抬起的辇，下层百姓只能乘坐又狭小又黑暗的车。这样的礼仪制度，让人们一眼就能分清楚身份的高贵和低贱。

如今，人们摒弃了传统礼仪当中的糟粕，将礼仪作为一种社会性的公约，礼仪成了引导人们行为举止，使人们自觉遵守秩序的规则。比如，我们在下课的时候排队吃饭，如果大家都不讲礼仪，就会争先恐后地推挤，争抢着吃饭，最后导致所有人都不能正常享用午餐。只有每个人都遵

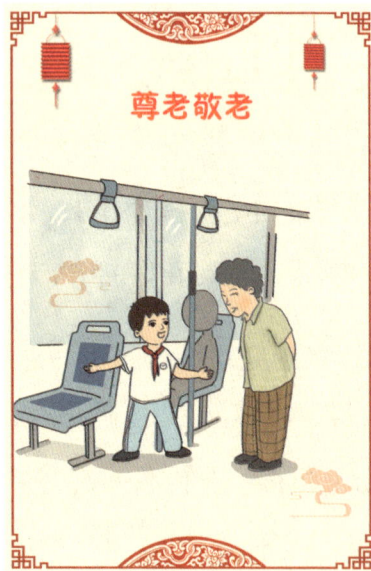

尊老敬老

守礼仪，社会才能和谐发展。

礼仪让人如沐春风，它是一种交往艺术。比如一个讲礼貌的人，通常能够让与他交往的人感到舒适。如果人们在互相交往中能够遵守礼仪，并且将礼仪全方位地融入生活，那么，我们的社会将变得更加美好。

礼仪既是社会性的，也是个体性的。礼仪的社会性主要体现在集体性的规则仪式中，比如，在开学典礼上，我们都会按照规则站立或者端坐，静静等待仪式的结束。这种以集体或者社会为主要约束对象的礼仪，就是社会性礼仪。

礼仪的个体性涉及范围更加广泛，包括一个人的仪容仪表、言语举止等。比如：一个人以整洁的面貌出行，会让人觉得他彬彬有礼；一个人在公共场合仪容欠佳，人们就会觉得这个人不礼貌。

无论是社会性礼仪还是个体性礼仪，都是我国传统文化的重要组成部分。中华传统礼仪经过千年的演变，渗透在中华文明的每个角落，对我国的历史发展产生了广泛的影响。

四、中华传统礼仪的分类

　　周朝的礼仪著作《周礼》将传统礼仪分为了吉、凶、嘉、宾、军五种，你知道这五种礼仪分别包含哪些内容吗？

　　礼仪，按照不同的标准有不同的分类。比如，按照使用对象的不同，礼仪可以分为社交礼仪、商务礼仪、涉外礼仪等；按照礼仪内容的不同，可以分为举止礼仪、仪容礼仪、交谈礼仪等。以上这些，都是现代人对于礼仪的归类总结，那么，中国古代是如何对礼仪进行分类的呢？

　　中国古人建立起礼仪制度后，将礼仪按照具体的内容分为吉礼、嘉礼、宾礼、军礼、凶礼等五种。

　　吉礼是五礼之首，它是指古人对天神、地神、贤者和自然景物等的祭祀礼仪。《周礼》中记载，"以吉礼事邦国之鬼、神、示"，由此可以看出，吉礼指的是古代的祭祀礼仪。

古代的吉礼，有祭祀天地、宗庙、先代帝王，释奠等多种礼仪。祭祀天地，不仅包括对天和地的祭祀，还包括对日月星辰、风雨雷电、社稷、泰山等的祭祀礼仪；宗庙祭祀则主要包括帝王的宗庙祭祀和官员大夫的宗庙祭祀；先代帝王的祭祀，包括了对尧、舜、禹在内的三皇五帝，还有对各个朝代的历任帝王的祭祀；释奠则是帝王前往学校祭祀先师和先圣的祭祀典礼。

嘉礼在《周礼》中的定位为"亲万民"，它是用以亲近人与人之间关系的一种礼仪。嘉礼中包含的礼仪种类很多，许多是表示喜庆的礼仪，如飨宴礼、冠礼、笄礼、婚礼、射礼、投壶礼、乡饮酒礼、学校礼、尊老养亲礼、朝礼、朝贺礼等。

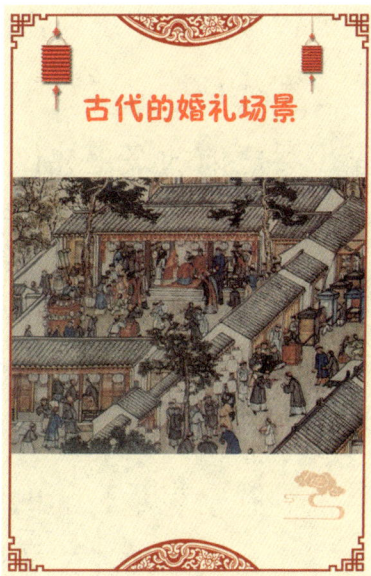

古代的婚礼场景

飨宴礼是古代的宴会礼仪；冠礼和笄礼分别是男子和女子的成年礼仪；婚礼与现代的定义相同，是男女结为夫妻的结婚仪式；射礼和投壶礼则是一种供人们娱乐的游戏礼仪；乡饮酒礼是聚集地方官员、长者一起宴饮的仪式；学校礼

则是古代学生祭祀先贤、入门拜师的礼仪；尊老养亲礼是
尊重家族长辈的礼仪；朝礼是群臣在清晨朝见帝王议事的
朝会礼仪；朝贺礼则是春节等重大节日时，官员向帝王朝
贺的礼仪。

宾礼是古代中央王朝和邦国诸侯之间的外交礼仪。诸
侯对天子的朝觐礼仪、外国使者的觐见礼仪、官员相见的
礼仪等，都属于宾礼。宾礼可以说是中国外交礼仪和官方
会面礼仪的最初形式。改革开放之后，我国将宾礼中一些
能够代表中国传统礼仪的内容应用到了外交礼仪当中。

军礼是古代军事中的一种礼仪制度。传统军礼包括国
家出兵之前的祭祀礼仪、君王授命将领时的誓师礼仪、战
争胜利时的凯旋礼仪、君王审查军队的校阅礼仪和狩猎礼
仪等。在现代社会，军队礼仪也同样是一项重要的礼仪制
度。比如，我国会在国庆节时举行阅兵仪式，这就与古代
的校阅礼仪相仿。

凶礼是表示哀痛的礼仪，它主要包括丧礼、葬礼、荒
礼、灾礼、问疾礼等礼仪。

丧礼是生者在人死后为表达对逝者的哀悼所举办的仪
式，为逝者更换衣物、清洗身体等，都是丧礼的一部分；
葬礼则是将逝者下葬的仪式；荒礼是人们在遭遇饥荒、疫
病时所举行的一种仪式；灾礼则是人们在国家遭遇地震、

干旱、洪水等自然灾害后所举办的一种哀悼仪式；问疾礼则是人们拜访和探望生病的亲属时遵守的一种礼仪。

从周朝开始建立的吉礼、嘉礼、宾礼、军礼、凶礼五礼，经过了时代变迁和历史演变，如今当中很多礼仪都已经被废除，但是，也有一部分礼仪演变成了现代礼仪当中的重要组成部分，影响着现代人的日常生活。

五、中华传统礼仪对个人的意义

古语常说"做人先学礼"，礼仪是我们学习做
人的第一门课程。那么，礼仪对我们个人有什么作
用呢？

中华传统礼仪经过了几千年的发展，经历了多样
文化的洗礼，如今已经成为顺应中国人生活习
惯、精神思想的优秀文化。所谓"人无礼则不生，事无礼
则不成"，就是在说礼仪的重要性。传统礼仪对个人的意
义体现在以下几个方面。

礼仪是道德素养的奠基石。

礼仪是对个人道德的约束，我们从小开始学习礼仪，
这些礼仪在我们的心中生根发芽，逐渐成为约束我们行
为、言语、思想的准则。可以说，正是因为有了礼仪，我
们才能成为一个品德高尚的人。礼仪也是道德的基础，在
学习礼仪的过程中，我们可以加深对道德的理解，并逐渐

成为有道德修养的人。

礼仪是个人修养的表现形式。

所谓"诚于中则形于外"，遵守礼仪是一个人个人修养的直接表现形式。一个有礼貌、懂礼仪的人更能被人喜欢，而人们喜欢他，正是因为他的言谈举止展现出了其良好的个人修养和以礼待人的优良品格。一个没有礼貌、不懂礼仪的人，无论他如何"包装"自己，最终给人的感觉都只能是表面浮华、内心空虚，无修养。

礼仪是个人交际的基础。

每个人都需要与其他人交往，在与人交往的过程中，礼仪就是我们与他人建立良好关系的"敲门砖"。第一，当人与人交往时，懂礼仪的人能够以适当的话语、体贴的动作让对方有如沐春风的感觉，所以，人们更喜欢与懂礼仪的人交往。第二，懂礼仪的人更善于化解生活中的许多矛盾，让自己和他人拥有更加融洽的人际关系。

中华传统礼仪经过了数千年传承，凝结了我国古人高尚的思想品德和优良的礼仪观念，是我

做有礼貌的少先队员

国优秀传统文化的结晶。优秀的传统礼仪对于个人的影响
是深远而长久的，它不仅可以帮助我们成为有道德、有修
养的个体，还能帮助我们以更令人舒适、顺利的方式处理
学习、生活中的琐事。所以，我们每一个人都应当认识礼
仪，学习礼仪，做一个有礼貌、懂礼仪的人。

六、礼仪之于国家的重要作用

礼仪，不仅会影响个人的生活，也影响着一个集体、一个组织甚至一个国家的整体形象。

我国是文明古国，也是闻名世界的"礼仪之邦"。通常来说，一个人要认识一个国家，最先接触到的不是这个国家整体，而是国家中的一个个体。在与外国人的交往中，我们个人能够通过自己的言行举止将国家的气节和文化传递出去，并以此为基础，让世界认识中国、了解中国。可以说，礼仪对国家有着重要作用，其主要体现在以下几个方面。

礼仪是国家的象征。

文化是一个国家走向世界的名片。传统礼仪是中华文化的一部分，也是我国走向世界的代言。一个中国人跨越国界，行走在世界舞台上时，他就代表了整个中国。礼仪，是一个国家精神面貌和凝聚力的体现，只有个人具备优良的礼仪，一个"礼仪之邦"才能赢得尊重，才能树立良好的国际形象。

礼仪具有教育民众的功能。

礼仪通过评价、劝阻、示范等形式纠正人们不正确的行为和举止，指导人们按礼仪规范的要求进行社会活动、协调人际关系、维护社会秩序。国民接受礼仪教育，可以逐步提高自己的思想境界和文化修养，最终，从整体上提高国民的综合素质。

礼仪是社会文明的标志。

礼仪是人类社会约定俗成的规则，它虽然没有法律那样约束他人的强制力，却也是约束人们生活的一种重要规则。在礼仪的约束下，每个人都遵守并维护社会秩序，为创造一个拥有文明礼仪的生活环境贡献了一份力量。而具备文明礼仪的生活环境，反映了一个社会的文明程度。

传统礼仪有助于弘扬社会主义核心价值观。

习近平总书记指出：要认真汲取中华优秀传统文化的思想精华和道德精髓，使中华优秀传统文化成为涵养社会主义核心价值观的重要源泉。中华传统礼仪是中华传统文化的核心内容之一，学习传统礼仪，接受传统礼仪教育，有助于弘扬社会主义核心价值观。

第二章

从出生到死亡的
人生大礼

一、婴儿初生的礼仪——诞生礼

在古代，婴儿诞生之后，家人会举行一个为了迎接他出生的庆祝仪式。这个庆祝仪式，就是我们所说的诞生礼。古人的诞生礼是怎么样的呢？让我们一起来了解一下吧！

无论是现代还是古代，人们总期待着婴儿的降生。当新生儿呱呱坠地后，人们都会举行隆重的庆祝仪式，以表达对于新生命的喜爱和祝福。

在漫长的岁月里，我国的传统礼仪制度不断变化，婴儿的诞生礼也一样，经历了众多变化。

西周时期，婴儿的诞生礼是以摆放器物为标志。周朝记载礼仪的书籍《礼记》中提道："子生。男子设弧于门左，女子设帨于门右。"这句话中的"弧"指的是男子把玩的弓箭，"帨"则是指女子佩戴的丝巾。周朝时，婴儿降生后，人们在判断过孩子的性别后，就会将相应的器物摆放在门口。如果是男孩，则在门的左边悬置一把弓箭；如果是女孩，就在门的右边悬挂一条丝巾。

除了这种方式外，古人也会以"璋"和"瓦"来庆祝男婴和女婴的诞生。"弄璋之喜"和"弄瓦之喜"是人们用来祝贺新生儿诞生的常用成语。"弄璋之喜"指的是将玉石给男孩把玩，以祝贺家族有男婴诞生。"弄瓦之喜"则是指将"瓦"（古时的纺锤）给女孩玩耍，表达对家族中有女孩诞生的祝福。

这种诞生礼与古人认为男女有别的观念有关。古代的时候，男子可以学习诗书礼仪，建功立业；女子则只能织布洗衣，相夫教子。"弄璋"就是大人为了祝福男婴，希望他可以像玉石一样高洁，以后能够光宗耀祖；"弄瓦"是人们希望女婴长大后能学会纺织，成为贤妻良母。

除了以上两种出生礼仪外，古人还会在婴儿出生的第三天进行另外一个极为重要的仪式——"洗三"。

"洗三"是指在婴儿出生的第三天，由家人为其举办

的洗澡仪式。初生的婴儿身体孱弱，不适宜洗澡清洁，最
为危险的三天过后，人们才能为孩子洗澡清洁。

"洗三"的当天，人们或者以清水为婴儿清洗，或者
以艾草熬制的药水为婴儿清洗，或者在水中加入象征富贵
的莲子、象征立业的栗子等吉祥物为婴儿清洗。不同的地
区，"洗三"的用水不同，不过流程都是大同小异。

"洗三"这个仪式有着非常美好的寓意：洗涤污秽，
消灾免难，祈祥求福。在古代，由于医疗卫生条件太差，
孩子生下来之后是很容易夭折的，所以人们通过"洗三"
这种祈福仪式，来寄托对孩子平安成长的美好愿望。

二、孩童的特殊礼仪——满月与百日礼

在"洗三"过后，周岁之前，家人还会为婴儿举行另外两种隆重的庆祝仪式——满月和百日礼。那么，这两种仪式又是怎样的呢？

满月，是婴儿出生一个月时举办的一种仪式。它既可以叫作"满月"，也可以叫作"弥月"。古代，在新生儿满月时，家长会邀请家族成员和亲友齐聚一堂，共同庆祝婴儿满月。

满月这一天，对于婴儿来说是不平凡的一天。婴儿在满月之前是不能被抱出屋子的。等到了满月当日，家人们为婴儿换上喜庆的红衣，他才第一次被抱出门，见到除了父母之外的其他亲人。从室内到室外，新生儿的这种移动，在古代叫作"移窠"。

满月当天，新生儿也会经历第一次理发。古人认为："身体发肤，受之父母"，头发是不能被随意剪掉的。在古

代，人一生只剪几次头发，这些为数不多的理发机会，第一次就是在婴儿满月时。

满月礼时，婴儿穿好新衣，等亲友全部到场后，理发就开始了。最初的剃发是由宗族中最德高望重的人完成的，随着时间的演变，剃发的人逐渐成了附近有名的理发工匠。剃发结束后，人们会团聚在一起，共同享用由主人备下的宴席，这次宴席就是"满月酒"。

满月酒吃完，婴儿的满月礼就结束了。为婴儿举行的下一个隆重仪式，就是我们常说的"百日礼"。

"百日"又被古人称为"百岁"，是指在婴儿出生一百天时举行的庆祝仪式。在古代，百日礼是家人希望婴儿长命百岁、永远健康的一种祝福礼仪。同满月一样，百日礼的当天，主人也会邀请亲朋好友会聚一堂，为新生儿庆祝百日。

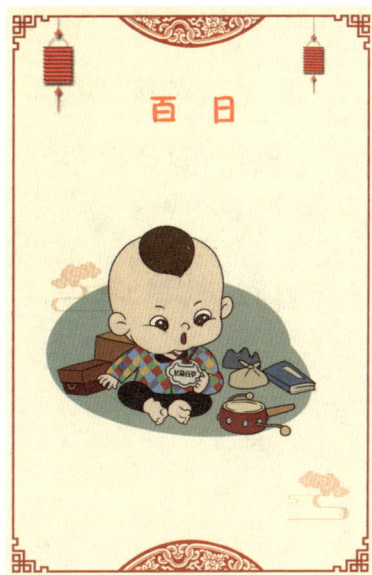

百日当天，婴儿会收到亲人准备的许多礼物，其中最为珍贵的是由家中长辈送上的长命锁。长命锁寓意长命富贵、锁住平安，是长辈为了祈求婴儿平安长大而打造的一种和锁类似的装

饰品。

长命锁的前身是自汉代开始流传的一种长命缕。最早的长命缕，是人们以丝线制成的细绳。这种细绳被古人赋予了驱邪避害的作用，常常被悬挂在门楣和床边。后来，爱美的妇女将它们系在了自己的手臂上，长命缕逐渐转变成了一种装饰。到了明朝，民间将这种长命缕用作婴儿的护身符，并赋予了它新的名称，也就是我们所说的"长命锁"。

除了长命锁之外，百日礼当天，婴儿还会收到另外一种饱含寓意的礼物——百家衣。百家衣，是由一百个家庭贡献出来的零碎布料制成的一种衣物。古人认为，这些来自不同家庭的布料带有百家的福气，用这些布料缝制的衣服，能够使得婴儿获得百家之福，少灾少病，健康长大。

经过长辈细心缝制的百家衣，会在百日礼当天为婴儿换上。百日这天，穿着百家衣、戴着长命锁的婴儿，带着家人的祝福，将慢慢学会认人、爬行、说话，渐渐成为一个有自我意识的孩童。

三、人生选择的时刻——抓周礼

现代的婴儿出生一年后，家人在他的周岁宴上，会将笔、墨、纸、砚、算盘、书、化妆品、食物等摆放在桌上让婴儿去抓，这种礼仪叫作"抓周"。你知道古人是如何"抓周"的吗？

百日宴之后，接下来要为婴儿举行的礼仪就是抓周礼了。抓周，又叫作试儿、试周、拈周。不同地区、不同时期的人们，对于抓周的叫法不同，但是其形式却大致相同。

抓周就是在婴儿一周岁的生日宴会上，人们在一张红布上摆放代表各种职业的物品，由婴儿自行挑选，以选中的物品预测婴儿未来的兴趣、前途和志向。

最早关于抓周的记载是在南北朝时期，当时著名的文学家颜之推在《颜氏家训》中记载："江南风俗，儿生一期为制新衣，盥浴装饰，男则用弓矢纸笔，女则用刀尺针缕，并加饮食之物及珍宝服玩，置之儿前，观其发意所取，以验贪廉智愚，名之为试儿。"由此可见，南北朝时期抓周的习俗已经开始流行。

唐宋时期，抓周礼更加烦琐。主人不仅要在家族祠堂燃香点蜡，祭祀先祖，还要准备好美味佳肴，准备宴饮宾客。抓周时，还要在堂桌上摆放"父祖诰敕、金银七宝玩具、文房书籍、道释经卷、秤尺刀剪、升斗、彩缎花朵、女红针线"等物件，让周岁的小儿自行抓取。这一时期的抓周礼被称为"周"。

现代人常用的"抓周"一词是何时出现的呢？历史学家考证，"抓周"一词，最早出现在清朝。清朝书籍《国朝宫史续编》中曾经提道："抓周例用玉陈、玉扇坠二枚，金匙一件，银盒一圆，犀钟一棒，文房一件，果筵一席，内宫殿监奏交内务府预备。"由此，我们可以看出，清朝时，皇宫已经将婴儿的周岁宴叫作"抓周"了。

从上述记载我们也可以看出，在不同的时代，"抓周"的物件都有一些变化。魏晋南北朝时期，周岁宴上"抓"

取的物品，一般是弓箭、纸笔、食物和其他一些珍稀物品。后来，"抓周"的物品种类开始变多，先祖封官授爵的文书、金银制成的玩具、笔墨纸砚、经书典籍、秤砣刀剪、女红针线等物品都开始出现。

"抓周"物品的变化，一方面体现出人们对于"抓周礼"的重视，另一方面也体现出人们对于孩童期许的变化。

这些被用来"抓周"的物品，比如封爵文书，代表的是希望孩子走上仕途；笔墨纸砚，代表着孩子能认真读书考取功名；经书典籍，代表着孩子能够知书达理，学富五车；秤砣，代表孩子将走上商路……一些带有寓意的食物，则是孩子性格的象征，比如，打糕寓意着性格坚忍，米糕则寓意着性格通透，饺子则寓意着心胸豁达等。总而言之，不同的物品代表的志向不同，不管孩子选中什么，家长都会拍手叫好，为他们选中的未来祈福。

用抓周礼上孩子选中的东西确定孩子未来的前途，这显然是不合理的。随着人们思想的转变，如今"抓周礼"已经演变成了婴儿周岁宴上的逗趣游戏。

四、初入学堂的礼仪——入学礼

随着时间的推移，婴儿渐渐长大，度过了快乐的幼年时期。很快，他们就要进入少年时期，开始读书了……

中国素来被誉为"礼仪之邦"，这一点也体现在古人的入学礼上。现代的青少年入学，只需要参加开学典礼就可以了。而在古代，学生入学，不仅要参加古代的"入学典礼"，还要举行许多庄重的仪式。

古代学生入学，一般是在每年的冬季，这主要是为了避开农忙时节。入学之前，学生除了需要准备好学习用的笔墨纸砚、衣物等用品外，还要置办一份专门为老师准备的礼物——"束脩"。

"束脩"最早是指十条风干的腊肉，是古代学生入学拜师时送给老师的礼物。送"束脩"的拜师礼仪，最早由孔子订立。《论语·述而》中有："自行束脩以上，吾未尝无诲焉。"这句话的意思是，只要是学生带着"束脩"来拜师，我（孔子）就没有不教诲的。由此可以看出，"束脩"就是最早的拜师礼。

随着时间的流逝，"束脩"的形式也发生了一些改变，虽然它仍代表的是拜师的礼物，但是却不仅仅是腊肉了，还包含其他一些富有独特意味的食物。

束脩六礼是古代最为传统的拜师礼，包含芹菜、莲子、红豆、枣、桂圆和腊肉。其中，芹菜代表勤奋好学；莲子则代表苦心教育；红豆代表红运高照；枣则代表早日高中；桂圆代表功成名就；腊肉则是学生的拜师费。

家长准备好"束脩"后，学生就只等待入学时间的到来。等到了入学的时候，学生们要穿着整洁的衣物，梳洗妥当，按时来到学堂门口等候。

各个朝代的入学礼有所不同，不过它们大都有以下几个仪式。

首先是正衣冠。古语说："童蒙之学，始于衣冠；先正衣冠，后明事理。"古人认为，整洁的衣冠是面对他人时的

最好礼仪，因此，入学仪式开始之前，老师会在堂前为学生们一一整理衣冠。

正冠结束后，就进入最为重要的拜师环节。首先，衣冠整洁的学生们跟随老师，来到学堂中供奉着孔子的神堂。学生们要听从老师的指示，向先贤孔子叩拜，以表达自己潜心向学的诚意。随后，学生要面向老师，将携带的束脩六礼交给老师，并向老师行叩拜礼。叩拜结束后，学生与老师就成了师生关系。

拜师仪式结束后，学生们要排好队，将手放置在学堂事先准备好的水盆当中，以清水清洁双手。这一步骤，古人将其称作"净手"，它的寓意是希望学生能够平心静气，日后专心求学。

"净手"仪式结束后，老师将带领学生完成"入学礼"的最后一个仪式——"开笔礼"。此时，学生拿出此前准备的笔墨纸砚，在老师的指导下以毛笔蘸墨，写下第一个字。至此，"入学礼"就结束了。此后，学生就正式在老师门下，开始数年的寒窗苦读了。

五、走向成年的象征——成人礼

十八岁，是现代人成人的标志。在我国的许多地方，在孩子年满十八岁时，家长、学校会为他们举行成人礼。那么，古人的成人礼是怎样的呢？

古人的成人礼，按照性别划分，可以分为冠礼和笄礼。冠礼是指男子成年的时候举行的加冠仪式，笄礼则是指女子成年时举行的束发仪式。"冠者，礼之始也"，在我国的古代礼仪体制当中，冠礼被列为礼仪的起点。

在我国古代，男子在幼童时期，头发要梳成左右各一个发髻，这种发型称为"总角"。等到了少年时期，则将头发垂下，这种发型叫作"垂髫"。为什么不将头发束起来呢？这是因为，古人认为束发代表着成年，只有当男子成年之后，才能束发加冠。

那么，古代的男子到底多大才能束发加冠呢？

普遍来说，我国古代的男子都是在年满二十岁时加冠，但是也有一些特殊情况，比如，一些身份地位较高的人，他们的加冠时间会提前，十几岁就完成加冠。

知道了加冠的年纪，接下来我们了解一下加冠的流程。《仪礼》中对加冠仪式有完整的说明。按照《仪礼》中的记载，加冠可以分为以下几个步骤。

一是卜算时间。古人加冠，不以男子的出生日期为加冠时间，而是通过卜卦的方式确定加冠时间。

二是告知宾客。加冠时间确定后，主人就会通知自己的亲朋好友，并请他们参加自己孩子的冠礼。

三是选择加冠的贵人。为孩子加冠的人应当是家族中的长者或者是当地有名望的人士。

四是再次通告。在冠礼前一日，主人会再次通知被邀请的宾客。

五是陈列物品。冠礼当天的清晨，主人应当将冠礼的用具准备好。这些物品包括洗手的铜盆、祭祀的酒品菜肴、梳头绾发

的物件以及加冠的帽子。

六是就位加冠。加冠当天，宾客陆续到场，主人需要站在门口迎宾，并请他们落座。被加冠的男子则穿着新衣，垂着头发等待加冠。

加冠的吉时到了，加冠的贵人站立在被加冠的男子面前，高举着冠帽，请一旁的人为男子绾发。绾发完毕后，贵人就可以将冠帽为加冠的男子戴好，整理好冠帽后，贵人会将冠帽取下，然后洗手，为孩童加另一冠。这种加冠的仪式，一共要举行三次。也就是说，男子的加冠，有三种不同材质的冠帽。贵人要依次为男子加冠，直至最后一顶冠帽加成，加冠才算结束。

七是加冠男子叩拜父母和宗亲。加冠仪式完成后，加冠男子应当依次拜见父母和宾客。拜见完毕后，主人就可以安排宴席。

加冠礼结束后，从前垂发的男子就不允许再"披头散发"了，以后只要是出门，他就应当束发戴冠。

了解了男子的冠礼后，你是不是好奇女子的笄礼了呢？其实，笄礼的流程大概与冠礼相同。

女子的成年礼并不是在年满二十岁时举行，而是在年满十五岁时举行。在这个仪式上，会将女子散落的头发用发簪盘成发髻，以此来表示女子成年了。

在流程上，女子的笄礼比男子的冠礼少：其一，女子的笄礼不邀请外宾，也就是说，只有女子的亲人才能参加她的成年仪式；其二，女子笄礼，不用像男子一样加冠三次，只要将头发盘起，笄礼就算是完成了。

冠礼和笄礼这种成年礼的仪式，一直从周朝延续至清朝末期，后来逐渐被废弃。

六、男婚女配的幸福仪式——婚礼

在我国古代，男子和女子达到一定年龄后，就可以由父母决定婚配的事宜了。古代的婚礼同现代婚礼有许多不同之处，你知道古代的婚礼流程是怎样的吗？

婚礼，在古代又称"昏礼"，为什么这样称呼呢？原来，古人的婚礼，一般是在黄昏时举行，所以人们就把它命名成了"昏礼"。

关于婚礼的流程，《礼记》中《昏义》一章有详细的记载："是以昏礼纳采、问名、纳吉、纳征、请期，皆主人筵几于庙，而拜迎于门外。"也就是说，古人婚礼的流程大致为纳采、问名、纳吉、纳征、请期、亲迎。

纳采

纳采，就是媒人带着男方准备的礼物，前往女方家中提亲的过程。最初的纳采，是由媒人带一只大雁前往提亲即可。后来，人们逐渐将雁这种礼物变更成了食品、绸缎、首饰等物件。

问名

不要以为男方差人到女方家里，他就早知道女子的姓名。男子想要知道女子的姓名，只能通过媒人"问名"。媒人受男方所托，来到女方家中纳采。媒人说明来意，将雁交给女方后，才可以向女方询问女子的姓名、年岁和生辰八字。

纳吉

媒人"问名"后，就可以返回男方家中，将问到的女子的信息告知男方。男方则会将女子的生辰八字与男子的生辰八字一同送到庙堂中，请高人为这一对男女卜算姻缘。如果卜算的结果是吉，男方还会差媒人前往女子家中，将这占卜的结果告诉女方，并请求男女结婚。如果卜算的结果为凶，那这桩婚事就作罢了。

纳征

纳吉成功后，男子与女子就算有了婚约。之后，男方会再次请媒人，让媒人将自家准备好的彩礼送给女方。女方迎接媒人，收下彩礼后，就代表这桩婚事已经敲定。

请期

婚礼敲定后，男方便开始选择婚期了。古人的婚期，也是通过占卜确定。男方占卜到吉日后，会让媒人前往女方家中告知。女方家中知道这个日期后，会盘算女子是否在丧期。如果女子还在服丧，就会让媒人将这个消息告知男方，请求男方更换婚期。若女方没有意见，婚礼就会按照男方确定的时间举行。

亲迎

到了婚礼当天，男方家中要在男子新房外设婚宴，宴请亲朋好友。新郎则要穿戴着婚服，亲自前往女方家中迎亲。迎亲的时候，女方虽然会刁难新郎，但是也不会耽误吉时。等到时间差不多了，女方就会让新娘与新郎一同离开。

到了新郎家门前，新郎会亲自搀扶着新娘，从家中的正门走进拜堂的场所。经过一拜天地、二拜高堂和夫妻对拜后，婚礼就完成了。

不过，此时新娘还不能休息，她还要和新郎一起，一同喝下合卺酒。卺，是古代用匏瓜的外壳分成两半做成的瓢。合卺酒则是将两个瓢用红线相连，再分别盛上美酒，由夫妻二人共同饮下，象征夫妻二人今后同甘共苦。合卺酒下肚，婚礼就基本结束了。

　　古代的婚礼仪式虽然烦琐，但是却显示了古人对待婚姻的重视程度。如今，在很多的婚礼仪式之中，依旧有许多传统婚礼仪式的痕迹。

七、落叶归根的仪式——葬礼

与树木花草的开花枯萎一样，人的生老病死也是一种自然现象。花落成泥，不需要任何的仪式，但是人逝世后，亲人还要为他举行众多仪式。

古代各个朝代的丧葬礼仪在流程上大致相同。一个完整的葬礼，基本包括初终、小殓、大殓、停殡、下葬、服丧六部分。

初终是指人逝世第一天举行的各种仪式。古人在亲人逝去后，首先会取一片新鲜的丝絮放置在逝者的口鼻处，用于观察逝者是否还有呼吸。丝絮不动，则证明逝者已经断气，家属就会放声啼哭。

在周朝时，逝者初终，亲人会持着逝者的衣服，爬上自家房顶，朝向北方呼唤逝者的名字。这一仪式的名称叫作"招魂"，是古人希望逝者复活的一种希冀。

接下来，逝者的亲属会为逝者清洗身体，换上干净的寿衣。然后，亲属会在逝者口中放入贝、玉或者饭食等物品，这一步骤被称为"饭含"。此后，主人会命人书写讣告，告知亲朋好友前来吊丧。

初终之后，就是小殓。"殓"是入殓的意思，小殓就是指将逝者的尸体放于棺材之中，但是不加盖棺盖。有一些朝代不会在初终时为逝者净身，而是将这一步骤放在小殓时进行。

小殓时，亲属会在棺椁东面设置酒食为逝者祭奠。此时，前来吊丧的亲友都会在酒食前为逝者行祭拜礼。等到夜里，直系亲属还要点着蜡烛跪坐在棺椁旁，为逝者守灵。

逝者逝世的第三天亲人要为其进行大殓，它是给未加盖的棺材加封棺盖的过程。大殓时，亲属会将为逝者准备的陪葬品依次整齐地放入棺椁中，前来封棺的人则会在亲属的啼哭声中将棺材封牢。

大殓过后，棺椁要放置在正屋的中央，等待下葬时间的到来。棺椁等待下葬的这段时间叫作"停殡"。停殡的时间，根据逝者身份的不同而长短不一，身份地位越高，停殡的时间越长，但是最长也不会超过七天。

接下来就是下葬了，家属会请人占卜，确定具体的下葬时间。下葬前的两日，人们会将逝者的灵柩迁移至祖庙，并请人购买葬礼需要用到的物品。周朝时，人们用羊、猪、鱼、腊肉等物品做祭品。此后各个朝代的祭品也与之类似，只不过在食物选择上略有不同。

下葬当日，逝者的长子应当抱着逝者的牌位走在棺椁之前，其他亲属各自拿着殡葬的物品排成队，走在棺椁之后，步行前往墓地。到达墓地，在亲人的啼哭声中，人们将棺椁入土。

之后，逝者的亲属会为逝者守丧，根据亲疏远近，守丧期从一个月到三年不等。比如，为父母守孝三年，为祖父母、伯叔父母等守孝一年，为曾祖父母守孝五月，为高祖父母守孝三月。

葬礼是生者表达对亡者的追思的仪式，体现的是我国传统的孝悌思想。几千年以来，葬礼的仪式发生了许多改变，繁杂的葬礼仪式凸显了葬礼的奢华隆重，也使得一些人产生了攀比心理。

我们应当意识到，葬礼是为了寄托哀思，而不是为了炫耀和攀比。对于传统丧葬礼仪，我们应当看清葬礼背后蕴含的道德内涵以及文化价值，而不是只关注其表面的仪式。

第三章

中华传统称谓礼仪

一、古人自谦的称谓礼仪

你是否在阅读文言文时遇到过诸如"鄙人""拙""寡人"之类的词语呢？其实，这些词语是古人的谦称，是他们用来表示自己的谦逊和修养的词汇。

谦称，是古人表示谦虚的自称。中国自古就有重礼节的优良传统，在日常交际和书信往来中，使用谦称以表示谦虚和尊敬。

古人认为，将宾客的身份抬高，将自己的身位放低，是一种有礼貌的做法，这一点也体现在古人的言谈之中。人们在说话时，常常运用许多谦虚的自称。

中国古代的君主常自谦为"寡人""孤""不榖"。"寡人"在古代的意思是道德品行不足，不完美的人。古人重视礼仪，在面对他人时，常常会贬低自己，夸赞他人。君主是一国的统治者，应当品行高洁、文才出众，但是为了表示自谦，他们常常会自称为"寡人"。

"孤"同现代的含义一样，是孤单、寂寞的意思。王侯坐拥整个国家，有很多大臣和妻妾环绕，按理说是不会孤单的，但是，王侯们仍然会以"孤"自称。这一称谓是王侯的自谦，也是王侯对于自己"高处不胜寒"、无人理解的自我排解。

"不穀"的意思是不结果实，古人常用此来比喻人没有德行，所以没有子女。古代王侯常用这一词自称。使用这个词，一方面是比喻自己无才无德；另一方面，也是对于自己的一种警醒——如果不自省，就可能因此没有子女。

"鄙人""拙""愚""小""贱"是大臣和平民常用的谦称。"鄙人"是粗俗浅陋之人的意思，古人常用它自称，这也是一种言语交谈的礼节。《史记·司马相如列传》中司马相如说"鄙人固陋，不识所谓"。司马相如，是西汉著名的文学家，也是一名杰出的政治家，可以说，他是一个才华横溢的文人，连他也使用

相见时自谦

"鄙人"，可以看出，谦称在古代有多常见了。

"拙"，是笨拙、不灵巧的意思。"拙"用于自谦，常常与其他文字一同组成"拙见""拙荆"等谦称。"拙见"一般是人们在发表言论、提出意见时的用词。"拙荆"则是古代男子对于自己妻子的谦称。

"愚"是古人表示自己愚钝、愚昧的谦虚称呼。我国著名的政治家、军事家和文学家诸葛亮，在给后主刘禅的《出师表》中写道："愚以为宫中之事，事无大小，悉以咨之，然后施行。"此处的"愚"，就是诸葛亮对于自己的谦称。

"小"也是古人常用的一种自谦用词，它与"大"相对，表示地位低下的意思。常见的自谦用法有"小人""小民""小儿"等。"贱"是古代女子面对自己的夫君时称呼自己的用词，比如曹植《七哀》中所写："君怀良不开，贱妾当何依！"

除了以上的自谦称呼外，中国古人也常常谦称自己的房子为"寒舍"，称自己的文章为"无能之辞"，称自己表演为"献丑"……总而言之，古人在与他人交流时，常常会使用谦称，这不仅体现了古人的礼貌，也体现了古代的礼仪。

二、尊称他人的称谓礼仪

在古代，有自谦的称谓，也有尊称他人的称谓。古人不仅会在交谈中显露出自己的谦逊，还会表达对对方的尊敬。下面，让我们一起来学习尊称的礼仪吧！

无论是谦称还是尊称，都是古人为了表达对他人的尊敬而使用的称谓。

古人尊称年长之人，一般会加以"尊""令""贵"等内涵美好的字词。比如，人们尊称对方的父母为"令尊""令堂"，称呼他人的国家为"贵国"等。

对于身份高贵的人，古人常用富有等级寓意的敬称称呼。皇帝是古代最高贵的人，人们尊称皇帝"万岁""天子""圣驾"等。

以"万岁"称呼皇帝，是臣民为表达皇帝能万寿无疆，国家千秋万代的一种希望。根据历史记载，这一词语在战国时期就已经被用于尊称君王，《史记》当中有"秦王大喜，传以示美人及左右，左右皆呼万岁"。不过，这个时期，"万岁"还并不是君王所独有，直到宋朝时期，它才成为皇帝独有的尊称。

"天子"的尊称，意为皇帝是天之骄子。古人认为，皇帝受命于天，是被上天安排来统治臣民的。用"天子"称呼皇帝，最能体现出皇权的至高无上。

"圣驾"也是人们对皇帝的敬称。古代皇帝出行，不仅有多人随行，还会乘坐独特的车辆，即圣驾，当皇帝即将到达某个地方时，人们就会以"圣驾"一词来代指皇帝。

除了以上对于年长之人以及皇帝的尊称外，古人对平辈以及朋友也十分尊敬。"君""兄"等词，是平辈之间的常见尊称。"君"，可以理解为"您"或者"尊"，以"君"称呼对方，不仅有尊重的含义，还有将对方比作君子一样品行高洁之意。"兄"是兄弟中年长的一位，以"兄"称呼他人，表达的含义为你在上、我在下，这是一种男子之间常用的尊称。

除了对人的尊称之外，古代还有许多其他种类的尊称。比如，尊称他人意见的"高见"；请求他人不吝教导的"赐教"；尊称老师的"先生"；敬重祖先的"先祖"……

尊称的广泛使用，与古人对地位等级的重视有关。中国古人在衣食住行上都有着严格的等级制度，服饰的颜色、食物的数量、车辇的规格和房屋的大小等都因社会地位等级的不同而有着很大的区别。这种严苛的等级制度，让古代社会出现了严重的尊卑之分，也形成了古人关于言谈举止的行为礼仪，于是就有了尊称和谦称。

经过了千百年的历史演变，尊称和谦称成了中国人待人接物的语言规范。如今，我们虽然没有像古人一样将这些称谓时常挂在嘴边，但是，这些言语礼仪已经渗透融入了我们的生活，成为人们约定俗成的称呼规范。

三、不能称名道姓的称呼礼仪

古人称呼朋友，不像现代人一样直呼其名，而是称呼其表字、称号等。如果第一次见面就直呼其名，很可能就被人视为无礼的表现。

"名字"在现代人看来，是人们姓氏和名字的结合。但是在古代，它却有"名"和"字"两层含义："名"是本名，而"字"是表字。比如，我们最为熟悉的文学家苏轼，姓苏，名轼，字子瞻，又字和仲。由此可见，"名"和"字"在古代的含义确实不同。

《礼记》中说："幼名，冠字。"在古代，"名"是在婴儿满三个月时，其父亲根据族谱或者其他规则命名的乳名，而"字"则是在男子加冠、女子及笄之后所取的表字。

不称名道姓，可以说是古人交往的一种基本礼仪。简单地理解，"名"是古人的乳名，亲近之人才能叫，"字"

则是古人的别名。长辈称呼晚辈，可以称其"名"，如果是平辈之间相称或者晚辈以"名"称呼长辈，则是一种对对方的冒犯或不敬之事。

比如，苏轼的父亲可以称呼苏轼的小名，也就是"轼"；而他的朋友或者同僚称呼他，就只能是"子瞻"或者"和仲"。

如果以"名"称呼别人会如何呢？我们来看一个历史故事——明朝嘉靖皇帝在位时，有一位名为林俊的官员，他曾在明朝四个皇帝的手下为官，是一位刚正不阿、敢于进谏的忠诚之臣。一次，林俊因为一件事与嘉靖皇帝意见不合，上书与皇帝据理力争。嘉靖皇帝因此十分气恼，就颁下圣旨，让林俊回家好好反省。问题就出在了圣旨上，嘉靖皇帝在气恼之下，竟然在圣旨上直接写下了林俊的名。这件事让林俊十分恼火，他指责皇帝："老臣官至尚书，天子也不能直呼我的名字。如今，我只是按照朝堂律法办事，皇帝却直接以名相称，我有什么罪责能让皇帝如此呢？"林俊说完，朝堂上的气氛顿时严肃了起来，幸亏有大臣及时解释了礼法，嘉靖皇帝才不再尴尬。不过，他却再也没法治林俊的罪名，还向林俊道了歉。

就算是拥有至高无上权力的皇帝，也不能随意称呼他人的姓名。由此我们也可以看出，古人对于名称礼仪的重视。

除了"字"是人们的常用名称外，"号"也是人们的日常称谓。"名""字"均是父亲所起，通常不能顺遂本人的心意，但"号"就不同了。古人起"号"，常常是以自己的意愿为主。比如，苏轼因为喜爱城外的一处东坡，他就将"东坡"作为了自己的"号"，常常以"东坡居士"自称，时间长了，人们就都以"苏东坡"称呼他了。

这种以"字""号"为实际称谓的传统礼仪，从春秋时期一直绵延至民国时期。中华人民共和国成立后，人们逐渐摒弃了这种传统，开始直接称呼他人的姓名，并且已经很少有人会为自己起表字了。

四、传统称谓的避讳礼仪

你知道吗？古代的正月最初并不叫作"正月"，而是叫作"端月"。这一叫法变化的原因，就是古代的称谓避讳。那么，在古代，有哪些称谓避讳呢？让我们一起学习和了解一下。

"讳"的意思，《说文解字》中译为"忌"；《广雅》中译为"避"；现代汉语中，有隐去、避开之意。避讳，就是指禁忌、回避。

称谓中的避讳，在《公羊传》中就有记载："春秋为尊者讳，为亲者讳，为贤者讳。"也就是说，古人常常会避尊者名讳、避先祖名讳、避圣贤名讳。

避尊者名讳以避帝王名讳为主，帝王即位后，天下与之重名的人都要更改自己的名字，甚至山川、河流、历法等名称都要更改。比如，秦始皇统一六国后，民间就曾避他的名讳。秦始皇，姓嬴，氏赵，名政，人们为了避讳他的姓名，就将传统历法当中的"正月"改为了"端月"。晋元帝司马睿登上皇位后，选择在邺都建城，为了避讳前皇帝司马邺的名讳，就将都城名改为"临漳"。

避讳先祖名讳是古人需要遵守的第二个避讳原则。人们在给婴儿起名时，除要避讳帝王名号，还需要防止婴儿的名字与先祖的姓名重复。

有些朝代对这类的避讳尤为看重，人们甚至不能在日常言谈之中提及先祖的名字，一旦提及，就要做悲伤痛苦状，以表示对先祖逝去的哀伤。比如，东晋时候有一位名为桓玄的官员，他的宾客曾经在宴席上让侍者"温一温"酒，桓玄听到这话表情立刻就痛苦了起来。宾客一问才知道，原来桓玄的父亲名为桓温，他的这句话犯了桓玄的家讳。

称谓避讳的第三个原则是避讳先贤。避讳先贤常常是以地区为主，比如，某个地方出了一位有名的贤者，受过其恩惠的人便会不约而同地避讳这位贤者的名讳。

避讳贤者中流传最广的是避讳孔子的名讳。北宋学子在读典籍文章时，有"丘"字的，都应当读作"某"，并在"丘"字上画圈标记。清朝时期为了避讳孔子（孔丘）的名字，就令天下姓"丘"的人都改姓为"邱"。

除了这三条外，还有一条人们约定俗成的避讳原则——避讳自然。人们在起名时常常会避开著名山川的名称，以防未来某个人成为皇帝、先贤，山川、河流也需要修改名称。

传统的避讳制度，由周朝兴起，在秦朝确定，唐宋时兴盛，在清朝时期达到顶峰。在几千年的历史中，古老的避讳制度被不断丰富，产生了许多的语言禁忌，这些禁忌虽然是我国传统文化的一个组成部分，但是它却深深地限制了人们自由使用语言，固化了人们的思想！

第四章

中华传统拜会礼仪

一、登门拜访前的必备礼仪

　　俗话说"在家靠父母，出门靠朋友"，可以说与人交往是人类生活的一个重要组成部分。那么，在拜会朋友方面，古人与现代人有什么区别呢？

　　拜会，在传统文化中被称为"拜谒"。这里的"谒"，可以理解为现代的门票、名片，是人们在拜会他人之前递送给门童的一种文书。传统的拜会礼仪，就要从投谒开始。人们想要拜会一位长辈或者有名望的尊者，在拜会之前，一定要递上"谒"。

　　最早的"谒"出现在秦汉时期。那时候，"谒"还是一种以竹子或者木片削成的薄片。如果人们想要拜会他人，就会在木片上写下自己的姓名和求见原因，再请求他人转交给想要拜会的人。到了唐宋时期，"谒"开始被人们广泛使用，成为拜会他人的必备物件。

　　唐朝的"谒"又叫作"名帖"，是一种以红色纸张书写的名片。唐人想要拜谒有地位的人，不仅要注意名帖的大小，还要注重名帖的书写。当时的人普遍认为，大的名帖更能显示出拜访者对主人的尊重，名帖上文字的整洁程度，也会影响主人接见拜访者的概率。

明朝时期，名帖一般宽约三寸，长约七寸，名帖上要整齐写上拜访者的姓名、籍贯、官职以及拜访理由，且名帖上书写被拜访者名称的字要比其他字大一些，以此来表示拜访者对主人的尊重。

清朝末期"谒"出现了一些变化。清末时，现代人常用的"名片"开始出现。随着西洋文化的普及，人们逐渐缩小了名片的尺寸，并且人们认为，名片越小代表着人的地位越高。

不过，这并不代表着拜会礼仪的消失。除了名帖尺寸有所变化，清朝依然保留着传统拜会礼仪的另一个主要特点——送礼。

中国古人在拜会他人之前，除了要准备名帖以外，还要精心准备一份礼物，以显示对主人的尊重。这一礼仪，最早见于春秋时期的《仪礼》。根据书中记载，自周朝开始，中国古人在拜会他人时就已经送"见面礼"了。

周代，古人选择拜会的礼物，不能随自己的心意挑选，而是要按照被拜访人的身份等级地位选择礼物。如天子拜访他人，以一种黑黍酿造的酒为礼物；诸侯拜会他人，以玉石为礼物；卿一级的官员拜会他人，以羊为礼物；大夫拜会他人，以雁为礼物；士人拜会他人，则以鸡为礼物；平民拜会他人，以鸭为礼物……总而言之，周代送礼有一套完整的等级体系，即使被拜会人的家底殷实，也应该按照规则奉上礼物，否则就会被人视为不守礼法。

周代之后，有多个朝代也制定了类似的规则，但是，随着社会的发展变化，人们最终按照自己的经济状况来挑选礼物。

现代社会中，拜会他人的方式虽然与以前大不相同，但是还有以前的一些蛛丝马迹。可以说，传统的拜会礼仪虽然没有完全流传下来，但是它们依然在潜移默化地影响着中国人的生活……

二、宾主相会的相见礼仪

现代人拜访他人时常常采用握手、鞠躬和拥抱这几种方式，古代人相见时则是以作揖、拱手、跪拜等传统行礼方式为主。这些行礼方式有什么不同呢？

相见礼，是我国古代五礼当中宾礼的一种。传统的相见礼仪包含多种行礼方式，其中以作揖和跪拜这两种行礼方式最为人所熟知。

作揖，应当是所有见面礼当中被人们使用最多的行礼方式。宋代诗人危稹在《接客篇》中写道："接客接客，高亦接，低亦接。大儿稳善会传茶，小儿跟跄能作揖。"在接待客人时，小儿子的年龄还小，竟然都学会了作揖，可见作揖礼的普遍。

作揖起源于周朝以前，在周朝礼仪形成后，它逐渐成为历朝历代的见面礼节。按照《周礼》的记载，作揖根据见面双方的身份地位以及亲缘远近的不同，有土揖、时揖、天揖、特揖、旅揖、旁三揖的区分。

周代以及周以前的作揖形式与现代的作揖形式不同，按照宋代诗人陆游的说法，周代及其以前的作揖方式，是将手向前举起，而此后的作揖，与拱手相像。

真正的作揖，应当是将右手握拳，左手成掌，以左手包右拳，再将左手掌向外推出。这种行礼方式，是男子相会时的作揖。女子的作揖方式与男子正好相反，她们在行礼时，以左手握拳，右手成掌，以右手包左拳，再将手掌向外推出。后来，作揖礼中又增入了鞠躬的姿势，人们在行作揖礼时，还会微微鞠躬，以表示对宾客的尊重。

另一种较为隆重的相见礼仪——跪拜礼。《周礼》当中提道："辨九拜，一曰稽首，二曰顿首，三曰空首，四曰振动，五曰吉拜，六曰凶拜，七曰奇拜，八曰褒拜，九曰肃拜。"这种九拜礼，是中国周代以来使用最为广泛、年代最为久远的相见礼仪。

稽首，是九拜当中最显示敬重的礼仪。古人行稽首礼，一般是在臣民拜见天子、子女拜见父亲及人们拜祖先、天地时使用。行稽首礼时，人们应当屈膝跪地，将左手放置在右手之上，随后再从上往下，将手放在膝盖之前。同时，行礼人还要将头部缓缓俯下，直至额头与地面接触。稽首时头部接触地面后，头部还要在地面稍加停留，再起身收礼。

顿首是九拜当中仅次于稽首的相见礼，是平辈以及地位相同的官员之间的见面礼仪。它的行礼方式与稽首类似，只不过人们行顿首礼时，并不是头部缓缓落下，而是迅速叩首，然后迅速抬起头。

空首，是上级表达对下级的感谢时常用的行礼方式。行礼时，人们跪坐下来，再将双手拱起，同时将头部微微低下。空首礼与前两种行礼方式最大的不同，就是没有将头部贴于地面。

振动，是九拜之中最隆重的丧礼行礼方式。它的行礼方式，是在顿首的基础上加以拍击双手，以身体的振动表示对逝者的悲痛与哀悼。

吉拜是人们正常相见时的行礼方式。吉拜时，人们先行空首，再行顿首。凶拜则正好相反，先顿首，再空首。凶拜只用于服丧期间，是丧主见宾客的礼仪。《礼记·杂记下》说："三年之丧，以其丧拜；非三年之丧，以吉拜。"指的就是吉拜和凶拜。

奇拜、褒拜则是以次数命名的行礼方式。奇拜表示只拜一次，褒拜表示拜两次及两次以上。这两种行礼方式都不是独立的跪拜形式，它们均是人们用来反映尊重程度的礼仪。

　　肃拜是一种女子跪拜行礼的方式，它的动作与稽首类似，但是，女子行此礼时，双手至地，头部不与地面接触，而是直接将头放置在手上。

　　作揖和跪拜反映了古人对尊卑等级的重视，它们是古代统治者用于区分身份地位的一种方式。这种相见礼仪，一直从周朝沿用至中华民国时期。中华人民共和国成立后，传统的作揖和跪拜礼仪才逐渐被废除。

三、迎宾待客的接待礼仪

古语有云："有朋自远方来，不亦乐乎！"在古代，主人家有宾客拜访是一件大事，宾客会准备名帖和礼物，主人也有许多应当注意的接待礼仪……

古代，主人在宾客到访前需要做许多准备工作，否则，不管主人的身份多么高贵，都会被客人视为无礼之人。

主人迎宾之前，首先要做的就是仪容整理。约定会面的清早，主人就要开始梳洗穿衣，将自己的仪容整理妥帖，等待宾客的到访。如果主人没有对宾客以礼相待，主人就会被宾客轻视。

《史记·郦食其传》中记载了这样一个故事：秦朝末年，各地英豪纷纷求贤若渴，希望能分羹天下。郦食其听闻沛公刘邦有雄才伟略，便想着去投靠他。

这天，郦食其来到了沛公帐外，请求拜见沛公。而此时，沛公正在由两名侍女侍候着洗脚。本来，有宾客到访时，沛公应当站起来迎接，但是由于沛公从小就讨厌游手好闲的书生，所以就没有整理仪容，直接在洗脚的时候召见了郦食其。

郦食其见沛公如此仪态，顿时心生不快，他本应该叩拜沛公，却只对沛公行了长揖之礼。后来经过一番交谈，沛公发觉郦食其的方略超群，这才赶紧起身，好好接见了他。

从这个故事中我们也可以看出，古人迎宾时，必然要梳洗打扮，不然，即使身份再高贵，也会被人所不齿！

主人梳洗妥帖后，就开始等待宾客到来。到了名帖约定的拜访时间，宾客带着礼物如期而至。侍从在确定来客后，将宾客到访的消息通报给主人，主人便立刻前往大门，亲自迎接宾客。有些朝代，主人在迎宾时会带一把笤帚清扫大门，以表示对宾客的敬重。比如，西汉时期，汉高祖刘邦的父亲刘太公就曾经"拥彗迎门"，欢迎宾客的到来。这里的"彗"，就是扫帚的意思。

宾主见面后，第一件事就是互相行礼，行礼或是作揖，或是跪拜。总而言之，宾主行礼一定要符合双方身份。

相互见礼后，宾客会将自己准备的礼物递送给主人，主人要推让自己不能随意收宾客的礼物。宾客则会再三要求主人收下礼物，最后主人收下礼物后，要表达对宾客的感谢。随后，主人会亲自为宾客擦拭座椅，请宾客落座，再差仆从送来茶水。

宾客离开时，主人要亲自送客，并站立在门口，直至宾客离开。宾客的离去，并不意味着这次相见的结束，正所谓"礼尚往来"，按照古代的礼仪，主人不久后要去宾客家中回访。回访时，主人也要按照相见礼的规则，准备好回访的礼品，到宾客家中与之相见。一来一回，一次拜访才算结束。

古代迎宾待客的礼仪，从周朝开始一直流传到了现代，虽然如今我们已经不完全按照古代的相见礼仪接待宾客，但是，在待人接物中仍然会沿用一些古代的礼仪，让宾客感觉到"宾至如归"。例如，如果某国的元首来访，我国必定会安排领导人在合适的时间进行回访，这便是中国作为礼仪之邦礼尚往来的表现。

四、座席选择的位置礼仪

古人的座次选择可以说是一门大学问。方位的选择，关系到古人最为重视的尊卑等级。

明末清初的著名史学家顾炎武曾经说道："古人之坐以东向为尊，故宗庙之祭、太祖之位东向。即交际之礼，亦宾东向而主人西向。"古人以东边为尊，所以人们总是会选择东向为宗庙祭祀的方位。方向的尊卑被运用到宾主相见的礼仪当中，宾客就应当"上座"，也就是坐西席上，面向东，主人则应当居于东席面向西作陪。

"以东为尊"这一点，也可以从许多古代典籍中找到踪迹。比如，《后汉书·邓禹传》中曾提道："显宗即位，以禹先帝元功，拜为太傅，进见东向，甚见尊宠。"显宗即东汉的汉明帝刘庄，邓禹是先帝手下的重臣。显宗即位后，认为邓禹的功勋卓越，就拜他为太傅，准予他朝见时面向东站立，尊如宾客。

除了东西方位的尊卑外，南向与北向也有尊卑之分。在南北方向的尊卑上，古人普遍认为南为尊。古语"宾主位，东西面；君臣位，南北面"，南面常常被人们当作帝王的专用方位。比如，《过秦论》中"秦并海内，兼诸侯，南面称帝"的说法，正是说明帝王以南为尊。

以南为尊的方向选择，主要是因为我国古代的房屋建筑，为了获得最多的阳光，常常将房屋建筑为"坐北朝南"。古人以帝王为天，象征着太阳与权力，因此，南这个方向也就逐渐成了尊贵的方向。

除了东西南北四个方位外，左右这两个方位也有尊卑之分。左向和右向的位置选择则根据朝代的不同有所不同。西周时期的礼仪当中，左右两方的尊卑等级视不同的情况而定。诸侯面见天子时，以左为尊，也就是说，天子要居于左侧。在战争之中，周朝礼仪又规定以右为尊，将军应在右侧。

等到了秦汉时期，左右的尊卑得到了确定，人们以

"右"为尊。以《史记》中关于廉颇、蔺相如的官位等级为例，蔺相如在与秦国会面之中立了大功，随后，赵王便升迁了蔺相如的官位。《史记》中说："以相如功大，拜为上卿，位在廉颇之右。"由此我们也可以看出，秦汉时期，以"右"为尊。

魏晋南北朝时期，以"右"为尊的观念发生了变化——"左"成为上位，"右"则成了下位。经历了漫长的岁月变迁，以"左"为尊的观念在元朝时期重新发生了改变，人们不再将"左"看作尊位，"右"重新被统治者规定为尊方。明清两代，"左"为尊的理念又重新回到了历史舞台。

如今，东西、南北、左右等方位已经不再用于区分尊卑贵贱。但是，人们依然重视位置礼仪，在安排座席时，仍然会将最中心的位置留给长者，以表达对他们的尊重。

第五章

中华传统节日礼仪

一、贺岁拜年的春节礼仪

"爆竹声中一岁除，春风送暖入屠苏"，春节是我国传统的庆贺节日。在这个辞旧迎新的日子里，我们不仅要向长辈拜年，还要向亲友祝贺……

在中国古代，春节对于帝王将相而言，意味着要举办一场盛大的祭祀活动，也是一场仪式繁杂的庆典。对于普通百姓而言，春节是一个隆重的庆祝节日。

最早的春节是原始社会时期人们在新旧年交汇时举行的祭祀仪式。到了夏商时期，古人将这种祭祀活动的规模进一步扩大，春节就逐渐产生了。不过，夏朝的春节叫作"岁"，商朝的春节叫作"祀"。"年"的叫法，到了周朝才慢慢出现。后来，春节就慢慢演变成了民间俗称的"过年"。

春节有许多需要注重的礼仪，最被人重视的应当是拜年礼仪。关于拜年这一传统的春节礼仪最早的记载出现于东汉初期。

东汉的文学家崔寔在《四民月令》中提道："正月之朔，是谓正旦……子妇曾孙，各上椒柏酒于家长，称觞举寿，欣欣如也……"由这段话我们可以看出，东汉的春节被人们称为"正旦"，在这一天，小辈们会为长辈献上祝寿的美酒，共同庆祝新年的到来。小辈向长辈敬酒，长辈也要有所表示，他们会拿出早早准备好的"压岁钱"给小辈，祈福小辈在新的一年里不被凶邪侵扰。这时的"压岁钱"并不是钱币，而是一种以赏玩、辟邪为主要目的的饰品。

新春佳节，除了小辈要向长辈拜年之外，平辈之间也会互相拜谒。平辈拜年的方式有三种。

第一种形式是以名帖拜访，也就是说，人们不亲自见面道贺新春，而是以写着祝福语的拜帖拜年。宋朝最流行这种拜年方式，《清波杂志》中写道："宋元祐年间，新年贺节，往往使佣仆持名刺代往。"这里的"名刺"

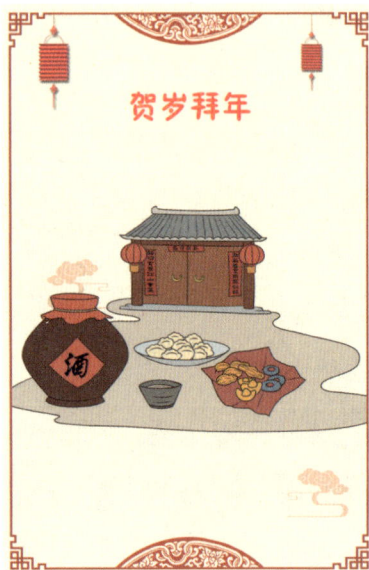

贺岁拜年

就是我们前面提到的"谒"，也就是拜年所用的拜帖。以拜帖拜年的方式最适合广泛结交好友的官员士族，如果他们要亲自拜年，恐怕得一个月才能拜访完！

第二种形式便是登门拜年。明代陆容的《菽园杂记》中曾记载这种拜年方式："京师元旦日，上自朝官，下至庶人，往来交错道路者连日，谓之'拜年'。"《清嘉录》中也有记载："至有终岁不相接者，此时亦互相往拜于门。"可以看出，在明清时期，登门拜年已经成为一种流行的春节礼仪了！

除了以上两种参拜方式以外，清朝还流行一种特殊的拜年方式——"团拜"。"团拜"也就是团体拜年，人们围坐在一个场所，互相庆贺新年。《侧帽余谭》中记载："京师于岁首，例行团拜，以联年谊，以敦乡情。"可见，"团拜"是清朝的邻里乡亲之间拜年的主要方式。

除了拜年之外，有些人还会在春节这天祭祖，吃饺子，放鞭炮……在各式各样的节庆礼仪当中，人们迎来了一个又一个新春。

二、禁食绝火的清明礼仪

古人对于先祖的崇敬与哀悼之情，不仅仅体现在丧葬礼仪之中，清明这一传统的祭祀节日，也深深地体现着生者对于逝者的思敬之情。

清明节，又叫作踏青节，是我国传统的祭祀节日。在这一天，人们会带着准备好的祭品来到先祖的墓地进行洒扫祭拜，以表达对于先祖的敬畏和思念。

在古代，清明节之前还有一个祭祀扫墓的节日——寒食节。按照民间的传说，寒食节是春秋时期的晋文公为了纪念忠良之臣介子推而设立的节日。

唐朝时，由于寒食节和清明节的日期相近，一些人就将寒食节的礼仪习俗推迟到了清明节举行。慢慢地，寒食节和清明节就合并为一个节日。

传统清明节的风俗包含禁火、改火、冷食、扫墓和郊游等。禁火的习俗与寒食节的习俗相同：清明前一天，人们都要熄灭炉中的柴火，等待新火的到来。在得到新火之前，人们只能吃凉拌或者其他不用烹煮的食物。等到清明过后的清晨，皇帝就会差人将新火陆续送到各个宫殿和宫外的大臣家中，官员们再将新火传递给平民百姓。此时，百姓才可以重新开锅起灶。

扫墓是清明最庄重的仪式。清明这天，人们会带着酒水、食物、果品、香烛和纸钱等物品，扶老携幼，一同来到先祖的墓地。人们将食物、酒水等祭品依次摆放整齐，燃起香蜡，男女老少面向先祖的墓碑磕头。有的朝代，人们还会在墓地痛哭，以表示对于先祖的缅怀。

然后，点燃纸钱，将一捧新土添在墓上，打扫完墓地新生的杂草，祭祖活动也就结束了。

祭祖之后，人们还会进行踏青等娱乐活动。其实，人们最初并不会在清明节这样一个举家哀思的日子里游玩，而是单独挑选一个春光明媚的日子出行。随着社会的变迁，清明节逐渐不再是人们心中那个只能哀悼先祖的节日，加之清明时节气温回升，草长莺飞，天气明媚，人们便将这天当作了春游的好日子。

于是，在每年清明的祭祖仪式后，人们都会放下沉重的心情，换上清新的服饰，一同前往郊外春游。娱乐与祭祀并存的清明节，不仅是人们表达对先祖的追思和哀悼的祭祀节日，也成了人们与自然接触的绝佳日子。

三、阖家团圆的中秋礼仪

中秋佳节，一轮圆月高悬天空，人们手里捧着圆圆的月饼，围坐在一张放置在室外的小桌前赏月……

"举头望明月，低头思故乡"。中秋节自古以来就是人们团聚在一起，赏月、吃月饼的重要节日。

中秋节的来源，一是源于古人对于月亮的崇拜，二是源于人们对于五谷丰登的喜悦。古人还未认识到太阳和月亮的真实面貌，将它们看作可以为人们带来幸福和灾祸的神明。老百姓想要生活顺遂，帝王想要国泰民安，这些希望都被寄托在祭祀日月的活动中。加上每年的中秋月圆之日正处在新谷收获的时候，心情喜悦的人们便也有理由庆祝。慢慢地，中秋节这个庆祝团圆的节日就出现在了人们的生活当中。

在古代，中秋佳节的首要仪式就是赏月。这种高雅的习俗，最早流传于魏晋南北朝的文人之间，后来渐渐扩散到民间。到了唐代，历法规定了每年的八月十五为中秋节。此后，中秋节成为人们赏月的固定时间。

也是在唐代，月亮被人们赋予了团聚的含义。唐代的许多诗人就常以描写月景的方式抒发自己远在他乡、思念亲人的心情。比如，杜甫的《八月十五夜月二首》中的有"满月飞明镜，归心折大刀。转蓬行地远，攀桂仰天高"，就借中秋节的月亮抒发了自己的"归心"。

唐人爱赏月，但是，赏月仪式在北宋的风头更盛。小家小户的团聚赏月已经不能满足人们对于娱乐的需求，人们开始举办大规模的中秋娱乐活动。宋代《梦粱录》中记载："王孙公子，富家巨室，莫不登危楼，临轩玩月，或开广榭，玳筵罗列，琴瑟铿锵，酌酒高歌，以卜竟夕之欢。"由此我们可以看出，宋朝的富庶之家，王公子孙或成群结队登高望月，或广开门庭，以丰盛的宴席和欢快的歌舞宴请宾客。

除了赏月、宴会之外，吃月饼也是中秋节的一项重要仪式。在宋朝时，文献中第一次出现了"月饼"这个名称。这种内里有馅、外面有酥皮的食品获得了宋代百姓的喜爱，就连文学家苏轼也十分喜欢，并夸赞月饼："小饼如嚼月，中有酥与饴。"

　　宋代之后，中秋节团圆、赏月、吃月饼等仪式被广泛流传，民间制作的月饼也越发精致美味。此后，这些习俗伴随着人们对美好生活的祝愿一直延续到了今天。

四、祈求平安的端午礼仪

　　端午节，是我国第一个入选世界非物质文化遗产的节日。端午节时，人们不仅要系上红绳，还要包粽子、插艾草、赛龙舟……

　　屈原，战国时期楚国的官员，他曾经备受楚怀王的信任，但是却被同朝的贵族所排挤。楚怀王逝世后，新任国君楚顷襄王听信贵族的谗言两次流放屈原。在第二次流放中，楚国国都被秦军攻破，屈原闻听消息后投汨罗江自杀。有一种说法是人们为了缅怀这位爱国诗人，就将每年的五月初五定为端午节，赛龙舟、吃粽子以纪念屈原。

　　端午节赛龙舟是一项盛大的节日仪式。据说，屈原投江后，人们纷纷划着船去搜救屈原。然而，不管人们怎么努力，屈原还是溺亡于江中。后来，人们在每年的端午节举行龙舟比赛以纪念屈原。

除了赛龙舟外，人们也会在端午节这一天吃香甜美味的粽子。端午前夕，人们将新鲜的粽叶和备好的糯米在清水里浸泡，用粽叶将糯米、红枣、冰糖等牢牢地包成一个个大小均匀的粽子，再等端午煮熟粽子，与家人分享食用。在我国的一些地区，人们还会将包好的粽子投入江中，以粽子来祭祀屈原。

端午节除了赛龙舟、吃粽子外，有些地方还要驱除五毒，避祛邪祟。农历五月，中国大地上的大多数地区都已进入了夏季，炎热的天气中，毒虫蛇鼠活动频繁，疫病开始流行，所以古人也把五月称为"恶月"。

人们为了身体康健，就开始在端午这天祛毒辟邪。先秦时期，人们会在端午这天采集草药，并将草药放在门口防止毒虫的入侵。到了汉朝，人们逐渐开始以特定的门饰来阻隔毒虫，比如朱索、桃印。朱索本是红色的绳线，最初，人们是将它悬挂在大门前祛避邪气，后来由于朱索颜色艳丽，妇女和儿童便将它系在手腕上辟邪，再到后来就有人制作专门系在手腕上的"五彩绳"来作为端午节的辟邪装饰。

我们常用的艾草是何时成为端午的驱邪门饰的呢？南北朝时期的《荆楚岁时记》中提道："采艾以为人，悬门户上，以禳毒气。"由此我们可以知道，在南北朝时，艾草已被人们在端午节使用。艾草有一种独特的气味，有驱赶蚊虫的作用，将艾草悬挂在门外，蚊虫就不敢靠近家门了。

　　人们因为祛毒辟邪、纪念屈原等原因形成了端午节的礼仪风俗，经过几千年的传承，时至今日，端午节仍是深受中国人民喜爱的传统节日。

第六章

其他日常交往礼仪

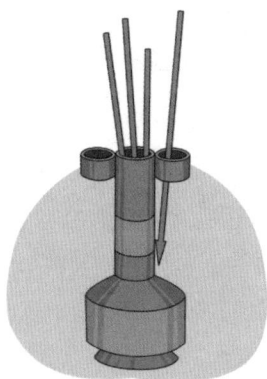

一、穿衣讲究——中华传统服饰礼仪

现代，除非一些特定的场合需要穿特定的服饰，平时人们可以随意穿着自己喜欢的。但是在古代，人们穿着服装的样式、颜色都要遵守服饰礼仪。

服饰的最初作用是御寒，后来，随着时代的变化和发展，服饰被加入了更多的内涵，并逐渐成为中华传统礼仪中的一部分。

传统的服饰礼仪中始终贯穿着古代的尊卑等级思想，具体体现在服饰的材质、色彩、纹饰等多个方面。

中国传统服饰多为宽袍大袖，强调服饰对人体的遮蔽性。这些服饰虽然看上去造型相似，但是材质却会因穿着者身份地位的高低而有所不同。比如，平民阶层的服饰，只能是"布衣"，也就是我们现在所说的麻、葛等材料制成的衣服，而贵族则可以穿着由丝帛制成的华贵服饰。

服饰的色彩也有规则。秦朝时期，天子服饰多为黑色，而平民的服饰则多为白色，官员的服饰多为深绿色。唐宋之后，皇帝开始对黄色情有独钟。

为什么黄色会成为服饰中最高贵的颜色呢？唐朝的《通典》中提道："黄承天德，最盛淳美，故以尊色为溢也。"黄色，承载了天的德行，是最艳丽淳美的颜色，所以黄色是尊贵的颜色，它只能被用在最尊贵的人身上。黄色在古代被当作吉祥的象征，所以，它用作天子的服饰最为合适。

在唐朝，黄色为天子专用，紫色则是三品以上官员的专用色彩，四品官员穿深红色，五品官员穿浅红色，六品、七品的官员穿深绿色、浅绿色，八品、九品的官员穿深青色、浅青色。

皇帝、官员和平民的服装纹饰也不相同。古代，不同官员的服饰上会被绣上不同的图案。例如，在明清两代，官员服饰上的补子（官服的前胸后背上一块带图案的织物）就代表着等级和身份。当时，文职官员服饰绣飞禽，武职官员服饰绣走兽，不仅如此，官员的品级不同，补子上的飞禽走兽也不相同。

明朝时期，文官中的一品官员，服饰花纹为仙鹤，二品官员为锦鸡，三品官员为孔雀，四品官员为云雁等；武官中的一品官员和二品官员的服饰花纹为狮子，三品、四品官员为虎豹，五品官员为熊等。

　　我国传统的服饰礼仪当中也展示了古人对他人的尊重。古人和今人一样，到不同的场合须穿着不同的服饰。比如，现代人在职场穿正装，在学校穿校服，在丧礼中要穿着白色或黑色衣服……这一传统起源于我国古代，古人在祭祀时穿正统服饰，在上朝时穿朝服，在日常生活中穿常服，在丧礼中穿丧服。不同场合选择不同的服饰，也是古人对待他人的一种礼貌。

二、聚餐玩乐——中华传统宴饮礼仪

在中国人的餐桌上，不仅有饭菜酒水，还有着许多礼仪。这些礼仪从历史中遗留下来，被人们传承和使用，最终融入了现代人的生活。

宴饮礼仪，既是中国古人为了满足等级要求而制定的规则，也是中国传统文化的具体表现。

周朝建立了我国第一套宴饮礼仪，这套礼仪规则不仅规定了宾客的饮食规格，还规定了菜肴的摆放位置。宾客的饮食规格因其身份不同而有所不同。据《礼记》记载："礼有以多为贵者：……天子之豆二十有六，诸公十有六，诸侯十有二，上大夫八，下大夫六。""豆"是指周朝的饮食餐具，根据这句话的表述我们可以知道，天子的餐具有二十六个，随着等级的下降，餐具数量也有所下降。餐具不同，食物的种类也有所不用，平民百姓的饮食主要为豆饭汤羹，而天子则以数百种珍禽走兽为食。

在食物摆放上，人们也要遵循相应的规则。《礼记》中记载："凡进食之礼，左殽（yáo）右胾（zì），食居人之左，羹（gēng）居人之右。脍炙处外，醯（xī）酱处内，葱渫（xiè）处末，酒浆处右。"这两句话的意思是：要将带骨头的大块肉放在左边，切好的大块肉放在右边，饭食放在客人的左手边，羹汤则放到客人的右手边。烤好的和切得细的肉类放在远处，醋和酱则放在近处，蒸葱放在醋和酱的左边，酒和浆放在羹汤的右边。

以上这些宴饮礼仪是根据古人的分餐制设立的。中国古代的分餐制，是将做好的饭菜分成一小份一小份，再分发给不同的宾客食用。随着社会的发展，分餐制逐渐消失，中国人也逐渐开始围坐在一张桌子前用餐。

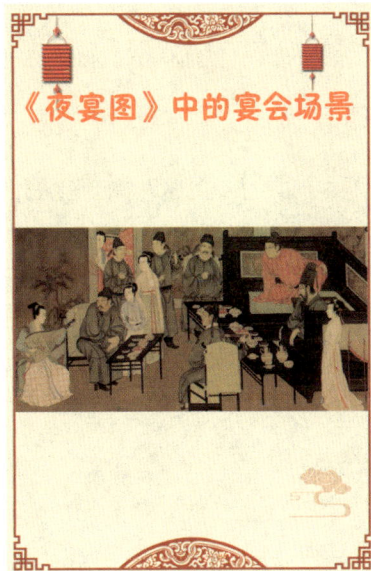

《夜宴图》中的宴会场景

分餐制的消失使得许多宴饮礼仪也随之消失，但是在宴席上，人们仍然要遵守一些宴饮礼仪。比如，唐朝的宴席上，人们入座时应当先请尊贵的人落座，然后其他人才能陆续坐下。在用餐时，身份高贵的人不吃第一口，其他人都不能下筷。

酒文化也是我国宴饮礼仪中的一个重要部分。《汉书》中指出"酒为百礼之首",饮酒的礼仪成为"百礼之首",足以看出酒在古人餐桌上的重要性。不管是什么样的宴饮场合,古人都会准备一壶美酒。

古人在宴饮中会行酒令。酒令是古代的一种酒桌游戏。行酒令时,宾客们会共同推举一名施令官,由施令官发号施令,指定选中的两名或者多名宾客进行游戏,游戏的内容一般为对诗、唱词、对对联、猜谜等,落败的一方需要将面前的酒水饮下。

宴饮礼仪丰富多彩,它展现了我国古人良好的道德修养。但是,对于传统的宴饮礼仪,我们应该摒弃守旧、封建的部分,继承和发扬符合时代发展、提升我们道德修养的部分。

三、射箭投壶——中华传统投射礼仪

射箭、投壶，是古代的两种传统投射游戏。不要小看这两种游戏，它们在古代的宴饮中有着举足轻重的地位。

射箭，是我国古代六艺之一，也是五礼当中嘉礼的一种。射礼在古代十分流行，一方面是由于古代战争频繁，弓箭是最易学、最轻巧的战斗武器，全民射箭有利于提高国家抵御外敌的能力；另一方面，学习射箭，也能强健人的体魄，丰富人们的生活。

周朝将射礼分为大射、宾射、燕射和乡射。四种射礼当中以大射最为隆重。大射是古人在祭祀活动前进行的一种射击仪式，其主要目的是选择参与祭祀的候选人。大射时，人们会事先设置好射击的目标，只有射中目标的人才能参加祭祀。宾射和燕射是临时举行的两种射击仪式：宾射是在诸侯或者他国使者朝贡时举办的射礼；燕射则是在王侯与帝王宴饮之后举办的射礼。乡射则是地方官为了举荐有才能的人举办的射礼。

周朝以后，许多朝代也都遵循这种礼制，定期举行射礼。到了唐朝，射礼时间固定为每年的三月三日和九月九日，凡是在这两次射礼上射中目标的人都会有各种各样的赏赐。

这种射礼，后来慢慢成了士族官员挚爱的活动。凡是在举行宴饮的地方，人们在酒足饭饱后都会拿出心爱的弓箭，与在场之人进行射击比试，互相比较谁的箭准，谁的箭有力。

射箭这一娱乐活动虽然有趣，但是却受场地限制。士族官员宴饮后，能够在家中找到一块宽敞的平地用以射击，平民百姓却没有这样的条件。百姓们发挥自己的聪明才智，创造出了一个更为节省空间的娱乐活动——投壶。

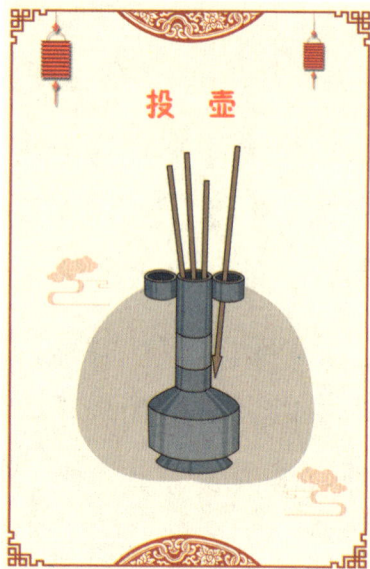

投壶这一礼仪最早见于《礼记》，书中提道："投壶，射之细也。"也就是说，投壶是射礼的一种简略版本。

投壶用的壶，是一种开口较小，腹部较圆的瓶子。为了防止投壶时弓箭从瓶子里弹出，人们还在瓶子里放入豆类。投壶时，主人会为每人分发四支投箭，投壶投中最多的人，就是本轮游戏的胜者。

有些朝代，人们会故意增加投壶的难度。比如，汉代人投壶，人们不会在壶身中放置豆类。这样一来，人们就需要很好地把控投壶的力道，既要防止弓箭从壶身中弹出，又要防止壶身倒下。

射箭和投壶这两种娱乐游戏，经历了几千年的历史发展，在清末民初退出了历史舞台，完全消失在了人们的视线之中。

四、互通信件——中华传统书信礼仪

在手机等电子设备和网络聊天工具十分普及的当今社会，人们联系他人只需一通电话或一条微信，但是在古代，人们没有这些便捷的联系方式，相距千里也只能靠书信沟通。那么，传统的书信礼仪是怎样的呢？

书信礼仪，是人们在长期的书信往来过程中形成的一种礼仪规范，它不仅包含我们前文所提到的谦称、尊称和避讳等称谓礼仪，还包含书信的书写格式、语言规范和字体美观等礼仪。

书信的格式包含收信人、正文和写信人三部分。如今，书信的通用格式为顶格写收信人，然后写正文，最后写写信人。但是，这种格式却不是古人常用的格式，汉魏时期人们写信的通用格式是先写写信人的名字，再写明收信人，最后再写上正文。

　　语言规范包括书写文体和书信的遣词造句。古代书信的文体大多以记叙文为主。这是因为，书信是人们为了传递消息而创造的一种语言形式，它的创作注重实用。而记叙文这一文体，更能满足人们的沟通需求。但是记叙文并不是古人写信的唯一写作方式，议论、抒情、写景等也常常被人们采用。古人以文会友，书信文体不限，这样更能展示写信人的态度，便于他们直抒胸臆。

　　书信的遣词造句则有一些规则。比如，在收信人之后要加上提称语。提称语，是写信人放在收信人称谓后的词语，常见的提称语包括台座、兄台、台鉴、阁下等。使用这些词语是表示写信人对收信人的尊重。

　　除了提称语，传统书信中还有两种特殊的部分——结束语和祝颂语。结束语是表示内容叙述结束的话语，比如，再见、再谈等。祝颂语则是在书信正文完结之后加上的祝福话语，比如，安好勿念等。

　　美观的字体也是书信的礼仪。古人认为："字如其人"，字体的端正有力是正人君子的象征。如果字体歪七扭八，笔迹绵

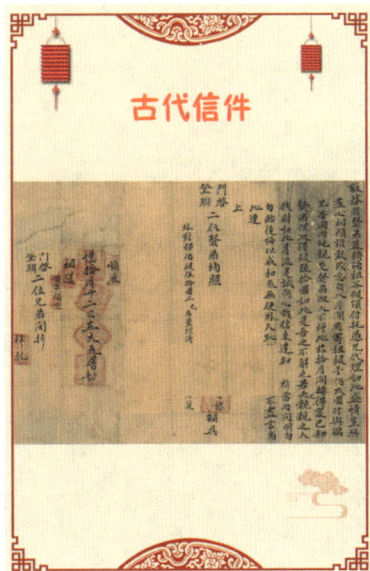

古代信件

软无力，那么人们就会以为写信者非君子。所以，在我国的传统文化中，书信的字体也是人们十分重视的部分。

如今，这些历经了几千年风雨的传统书信，已经被电子通信所替代，成为人们心中的历史。但是，我们不能否认书信存在的意义。即使是在科技发达的年代，书信也仍然有着存在的必要，书信礼仪也有被铭记的意义。书信礼仪是中国数千年优秀文化的见证，是古人情感碰撞的载体！学习书信礼仪，不仅能够提高个人的文化修养，而且能使我们成为有品位、有内涵的中国人。

第七章

国家民族的特殊
礼　仪

一、重要节日的朝贺之礼

自秦汉以来，每逢重大节日，群臣都要穿着正式的官服，来到皇宫向皇帝庆贺。这种群臣入朝庆贺的仪式，被称作"朝贺"。

朝贺礼属于古代五礼当中的嘉礼，是帝王庆贺礼仪中的一种，它是指古人专门用于庆祝重要节日的大朝会。从秦朝到明清时期，人们逐渐将元日、冬至和圣节作为三大朝贺节日。

元日，又称为元正，是我国农历新年的第一天。元日的朝贺仪式起源于周朝，兴盛于秦朝。秦始皇在统一六国后，颁令以十月为岁首，"改年始，朝贺皆自十月朔"，这一变动，使得元日朝贺的日期由周朝的十一月变更为了十月。汉武帝改易正朔，以正月为岁首，朝会相应改至正月初一举行。此后的王朝，都会在每年正月初一举行春节朝贺。

冬至是我国二十四节气当中的一个节气。冬至以后，再过一段时间的严寒，天气就渐渐转暖，万物便将迎来春天，所以在冬至这样重要的日子里，群臣也会朝贺皇帝。

圣节，是指皇帝的寿辰。古人认为："帝王所以临御万国，臣子所以致敬君父，将于是乎观礼焉。"人们将帝王看作君父，所以到了帝王寿辰，群臣要入朝朝贺。

朝贺的仪式，各个朝代均有不同，但是朝贺中都会有参拜帝王和宴饮的仪式。《史记》中记载汉朝朝贺，臣子需要带着礼物来到皇宫行跪拜礼，朝拜结束后，皇帝则会宴饮众臣，一同庆祝。

《隋书·礼仪志》中也记载了朝贺的仪式：每逢元日和冬至的朝贺大典，臣子们行跪拜礼后，皇帝会举起酒杯，与臣子共同庆祝。

《宋史·礼志》中也曾记载了宋太祖时期朝贺时的景象："太祖建隆二年正月朔，始受朝贺于崇元殿，服衮冕，设宫县、仗卫如仪。仗退，群臣诣皇太后宫门奉贺。帝常服，御广德殿，群臣上寿，用教坊乐。"从上述文字中我们可以看出，宋朝臣子朝贺时也会行拜礼，皇帝然后宴请臣子。

朝贺还有许多礼仪制度。比如，各个等级的官员要穿着符合自己身份地位的正式服饰，各个部门还要准备各种用于朝贺仪式的香料、布匹、车辇、器皿和美食等。物品的使用也有规定，人们需要根据规定，将物品陈设、摆放在适当的位置。除了物品之外，朝廷分管礼仪的部门还要选择奏乐班子，等到了朝贺时，朝臣要根据乐曲以及赞者（主持朝贺的官员）的口令行礼。

　　朝贺是一种既隆重又奢华的礼仪盛典，反映了以君主为天的专制主义。

二、外国来使的会面礼仪

现代的国家领导人会不定时会见外宾，与其他国家保持友好关系，在古代同样如此。古代中国在历史上具有强大的影响力，大多数情况下，都是一些附属国或诸侯国前来觐见。那么，诸侯国或他国觐见时有哪些礼仪呢？

中国古代的诸侯与他国使者觐见天子时有一套详细的礼仪。按照来使觐见时间的不同，觐见的礼仪被分为春朝、夏宗、秋觐、冬遇、时会、殷同、时聘和殷眺八种。

春朝、夏宗、秋觐、冬遇这四种礼仪，分别为诸侯国或者他国在一年四季的固定时间来参拜天子。春朝一般是天子和诸侯国商议年初大事，诸侯述职的会见；夏宗是天子与诸侯在夏季相见，诸侯表达对天子尊敬的会见；秋觐则是诸侯在秋天拜见天子，天子勉励诸侯，希望他们勤于政事的会见；冬遇就是诸侯在冬季与天子会见，是天子解决诸侯一年中的忧虑的会见。

时会、殷同、时聘和殷眺这四种会见礼仪的时间较为随意。时会，是天子有大事时随时召见诸侯的一种礼仪；殷同是诸侯一同拜见天子的一种礼仪；时聘则是不来朝见天子的诸侯国派使者前来询问天子的起居，或者是诸侯国与诸侯国之间互相交际的礼仪；殷眺则是诸侯定期派使者探视天子的起居的礼仪。

一种礼仪不可能永远沿用下去，它总会出现一些变革。周朝设立的这八种礼仪，被后代王朝使用的同时，各个朝代按照自己的需要，将以上这些会见仪式进行删减，并按照实际的需求，加入新的礼仪内容，使之成为本朝的邦交见面礼仪。

春朝和秋觐是最受帝王喜爱的两种会见仪式，后人还将二者合称为"朝觐"。

朝觐仪式，在秦朝时候曾经被废止。到了魏晋时期，有人建议天子重新复兴这一礼仪，但是最终也没有实现。一直到了隋朝，由于隋朝国力昌盛，便慢慢恢复了朝觐。不过，这时的朝觐礼仪的对象并不是诸侯国，而是隋朝的藩国。

传统的中外会见礼仪，大概可以分为迎接、赏舍、会见、献礼、设宴赐福和欢送。迎接，就是天子派人前往郊外迎接外国使者；赏舍是指赏赐给外国使者住所；会见，一般是在外国使者到来的第二天白天，天子在朝堂召见使者；献礼是外国使者向天子上供礼物；等到了献礼结束后，天子会设下丰盛的宴席款待外国使者，并赏赐给他们丰厚的礼物；宴会结束后，天子会差人护送使者回到居所，等适当的时间，再派人护送外国使者回国。

　　清朝灭亡之后，这种朝觐仪式也随之消亡了，取而代之的是国际通行的外交礼仪和交往准则。

三、天之祭祀——天、日月、星辰、风雨

你知道吗？古代的祭祀，其实并不仅指祭祀祖先，它还包含祭祀天、日、月、星辰等，并且，这些祭祀仪式十分隆重。这到底是怎么回事呢？

所谓"国之大事，在祀与戎"，祭祀在古代的地位，同王朝征战一样，是极为重大的事情。为什么祭祀如此重要呢？

古人认为，自然万物与祖宗鬼神都有灵魂，它们可以为人间带来福祸，祭祀它们可以得福免祸。同时，古人也认为，皇帝是天之子，他理应承担对万物的祭祀。可以说，祭祀，既是天子的权力，又是天子的义务，还是天子树立权威的重要方式。

古代祭祀自然万物可以分为天之祭祀和地之祭祀两种。天之祭祀又包含祭天、祭日、祭月、祭星辰、祭风雨等几种。

祭天礼，一般是在帝王所设都城的南郊举行。古人认为天的形状为圆形，而南郊的山丘形状高而圆，与天十分类似，因此，人们就将南郊当作祭天的最佳场合。从周朝开始至清朝，帝王祭天的地点都是在南郊。所谓"圜丘祀天"，圜丘这种建筑，是周朝皇室用于祭天的祭坛。周朝之后，历代王朝也将圜丘作为祭天的建筑。比如，隋唐的圜丘建在西安城南郊，是隋唐皇帝使用了三百年的祭天建筑。这座祭坛为四层圆坛，每层圆坛有十二级台阶，圆坛周围分布着十二时辰，分别朝不同的方向辐射，规模十分宏大。明清时期，祭天建筑的规模更大，其中代表性的建筑就是北京的天坛。清朝祭天前，皇帝要从外坛进入内坛，在正殿进行沐浴斋戒后，再举行祭天仪式。

祭日一般在每年春分的清晨举行，地点一般是在都城东边的祭坛。祭月则在是秋分的黄昏举行，地点在都城西边的祭坛。日月祭相比于祭天，规模和仪制都要小许多。

祭祀星辰主要是祭祀五星和二十八宿。五星指的是水星、金星、火星、木星、土星五星，古

语称之为辰星、太白、荧惑、岁星、镇星。二十八宿是指青龙七星：角、亢、氐（dī）、房、心、尾、箕；玄武七星：斗、牛、女、虚、危、室、壁；白虎七星：奎、娄、胃、昴（mǎo）、毕、觜（zī）、参（shēn）；朱雀七星：井、鬼、柳、星、张、翼、轸（zhěn）。

祭祀星辰最早从周朝开始，到了秦朝，人们开始为星辰设置庙宇。《史记》中记载："而雍有日、月、参、辰、南北斗、荧惑、太白……之属，百有余庙。"意思是，雍州这个地方有祭祀日、月、参宿、辰宿、南北斗星、荧惑星、太白星等神灵的寺庙一百多个。

除了这些之外，古代还有祭祀风雨的祭礼。风神和雨神，在古代又被称为风师、雨师。最初人们祭祀风雨时并没有庙祠，从秦朝开始，才设置了风师和雨师的庙祠——风伯庙、雨伯庙。

在古代，天之祭祀是一种吉祥的仪式，它意味着祈愿国家太平繁盛、人民生活幸福安乐。这种传承几千年的祭祀仪式，最终在民国时期成为了历史，永远停留在了文字的记载当中。

四、地之祭祀——地、社稷、山川

除了祭祀天、日月、星辰、风雨外，古人还要祭祀地、社稷和山川等。那么，地之祭祀礼仪又是怎样的呢？

地之祭祀，是人们为了感谢大地生长五谷，养育万民和生灵所举行的祭祀仪式。

古人认为，土地的形状为方形，所以祭祀地的祭坛被建筑成方形，所以祭地也称"方丘正祭"。从周朝开始，人们就在都城北郊建方丘祭地，以牲畜、美酒和礼器等祭祀地，并且帝王也要参加祭祀。

到了秦朝，人们开始以祭祀"泰山和梁父"代替祭地。直到汉朝，祭地的传统才重新被继承。此后的多个朝代，人们虽然沿用了祭地的传统，但是祭地的礼仪逐渐开始与祭天合并，并称为祭天地。

除了祭地外，古人还会祭祀社稷。"社稷"中的"社"

代表土神，"稷"代表谷神。祭祀社稷，也就代表着祭祀土神和谷神，这种祭祀礼仪是人们为了祈求五谷丰登而设立的。

祭地和祭社稷都是祭祀土地，为什么还要将它们区分开来呢？五代的文学家丘光庭在《兼明书》中提道："方丘之祭，祭大地之神；社之所祭，祭邦国乡原之土神也。"祭地的范围要比祭社的范围广，人们认为，中国大地上生活着许多神明，祭地是祭祀广袤大地上的诸多神明，而祭社则专指祭祀掌管土地的神明。

祭地是古代专为天子设计的祭祀礼仪，而祭社稷就不同了，不仅天子可以祭祀，诸侯百姓也能祭祀。只不过，祭社稷的规格会因为身份地位的差别和祭祀目的的不同而有所差异。比如，君王为百姓立的社，叫作"大社"；君王为自己立的社，叫作"王社"；诸侯为百姓立的社，叫作"国社"；诸侯给自己立的社则叫作侯社……不管祭社的规格如何，社稷在人们心中的重要地位却是不容动摇的。

除了祭地、祭社稷，古人还

会祭祀有名的山川。山川的祭祀，最有特点的便是祭祀的地点。古代的都城一般都建立在平原上，这些平原距离山川往往都比较远。于是人们就想出了"望山川"这一祭祀方法。"望"就是远眺，"望山川"也就是在祭祀山川时，向着山川所在的方向行祭拜礼。

不论是就地祭祀还是远眺的祭祀，古人不会因祭祀的地点变化而对祭祀的礼仪有所删减。这是因为，地之祭的礼仪当中包含着人们对幸福生活、五谷丰登的祈愿。

第八章

少数民族的
礼 仪

一、蒙古族的传统礼仪

蒙古族人性格豪爽、热情好客，蒙古族是充满乐观精神的民族，他们有着独特的民族礼仪。

提起蒙古族，你能想到什么呢？是天苍苍野茫茫下的牛羊群，还是一座座洁白如雪的蒙古包呢？不管脑海里浮现出的是哪个画面，相信大家都有一个共同的认知——蒙古族人十分热情！

蒙古族人无论遇到熟人还是陌生人，都十分热情，他们会热情问好。如果是熟人，他们会说"赛拜努（你好）"；如果是初次见面的陌生人，他们则更加尊重，会说"他赛拜努（您好）"。随后，蒙古族的主人还会将自己的右手放在胸前，请客人到自家的蒙古包，摆上丰盛的食物款待他们。

蒙古族的美味佳肴大都是用牛羊肉、牛奶、羊奶制成的。香甜的奶皮子、香醇的奶茶、醇厚的奶酪，还有具有草原风味的手抓肉、烤全羊等，都是蒙古族人用来宴客的上好食物。

除了以上这些待客礼仪外，蒙古族还有一种更高级的礼仪——献哈达。哈达是一种长条丝巾的统称，它是蒙古族人为了表达对客人的敬意而献上的一种礼物。

蒙古族人使用哈达有着严格的规范。比如，献给不同身份的人要用不同材质的哈达，不同场合下也要使用颜色不同的哈达。蒙古族人在献上哈达时，一定要用双手捧着哈达，同时将双手举起向前伸出，再弯腰递给客人。接受哈达的一方，也要用双手接下，同时弯腰表示恭敬，再将哈达挂在自己的脖子上。

献哈达代表什么意义呢？在迎接客人时献上哈达，一方面表示的是对客人的尊重和喜爱；另一方面，献上哈达也代表了对客人虔诚的祝福。在一些传统的节日当中，人们互相献哈达代表的是祝福他人节日快乐，生活愉快。在婚礼上献哈达，则表示对新婚夫妇婚姻幸福的祝福。

说到结婚，我们不得不提蒙

蒙古族婚礼

古族的结婚礼仪。蒙古族的婚礼会分为娶亲和结婚两个环节。结婚的前一日，新郎要穿着传统的蒙古长袍，扎上彩色的腰带，带着喜庆的红缨帽，踩着黑色的高筒靴，带着礼物和朋友，一同来到新娘家中娶亲。

新郎到了新娘家中，不能直接进入新娘所在的蒙古包，而是要先围着新娘所在的蒙古包转上一周，再将礼物交给新娘的家人，为新娘家人献上哈达和美酒。然后，新郎才能正式进入新娘家中求娶新娘。次日，新郎要抱着求娶成功的新娘登上结婚的彩车，然后骑马围着新娘的车驾绕行三圈才能从新娘家中离去。

当娶亲回到新郎家后，新郎新娘不下马车，先绕蒙古包三圈。然后，新郎新娘从两堆旺火之间双双穿过，接受火的洗礼。新郎新娘进入蒙古包后，首先拜佛祭灶，然后拜见父母和亲友。婚宴上，新郎提银壶，新娘捧银碗，向长辈、亲友，逐一献哈达、敬喜酒。

蒙古族的传统礼仪凸显了蒙古族人热情好客的特点，在茫茫的大草原上，洒脱的蒙古族人伴着牛羊、美食，共同向我们诉说他们的传统礼仪和文化！

二、"客人长主三百岁"
——好客彝族的待客之道

蒙古族人热情好客，生活在我国云南、四川、贵州、广西等地的彝族同胞也同样好客，他们的待客礼仪又是怎样的呢？

彝族主要来源于古羌人，是中国最古老的民族之一，彝族人的待客之道也同他们的古老文化一样，既有韵味，又别具风格。

彝族人十分讲究辈分，长幼和宗族辈分在彝族人眼里十分重要。彝族人认为，只要是辈分大的，不管长辈的年龄多大，辈分小的都必须按照宗族称呼尊称他。就算是宴会场合，彝族人也必须按照辈分排座，从上到下依次排开。

这样的长幼秩序不仅影响了彝族人的生活，也影响了彝族人的待客礼仪。彝族有句俗语"客人长主三百岁"，来者是客人，不管客人的年龄如何，主人都要将其看作年长自己"三百岁"的长者，礼貌而又恭敬地对待他们。

来到彝族家庭做客的人，主人会将其"奉为上宾"。在宴会和普通吃饭的时候，人们都会将最显示尊重的"上座"让给客人。同时，主人在宴会时还会不断地为客人添酒夹菜。

彝族人十分好客，他们的待客礼仪中有"打羊"的传统。"打羊"也就是杀羊。彝族待客，一定会宰杀牲口为客人接风。根据客人的身份和客人与主人的亲疏程度，主人会从牛、羊、猪、鸡中选择适当的一种牲畜家禽进行宰杀。在宰杀牲口之前，主人还要将选中的牲畜家禽牵引到客人的面前。只有客人亲眼看过后，彝族人才会宰杀。

敬酒也是彝族人待客的礼仪之一。酒在彝族人待客中起什么作用呢？第一是宴席之中，彝族人做好丰盛的宴席后，会邀请客人入席。开宴后，主人会以酒敬客，消除客人的拘束感。第二是在客人到访时，彝族人会在客人一踏进屋子时，就立刻端起美酒敬客人，一来是扫除客人长途跋涉的疲惫，二来则代表主人对客人的欢迎。

总而言之，热情的彝族人在对待客人上很注重礼仪，他们将远道而来的贵客当成家中最尊重的长辈，无论在敬酒、"打羊"还是在"上座"中，我们都能感受到彝族人对客人的尊重。

三、隆重的回族诞生礼

回族，是我国分布最广的少数民族之一，回族同胞在生活中十分注重礼仪，其中一些礼仪具有浓郁的民族特色。

在回族分布最广的宁夏、甘肃等地，人们见面的问候语叫作"色俩目"，是和平、平安的意思。回族的问候语独具特色，回族人的出生仪式也很有特色。

回族人将出生视作一生中最重要的仪式。在婴儿降生之前，母亲就要遵守许多禁忌，比如，不能参加丧礼，不能参加婚礼，不能送亲等。等胎儿到了预产期，母亲还要提前清洁自己的身体，以保证婴儿出生时的清洁。

婴儿出生后，家人确认婴儿的性别后，还会从自己的亲朋好友中找到与婴儿性别相同的人作为第一个进入产房的人。如果婴儿性别是男，家人就要找一个坚定、勇敢、聪明的男性第一个进入产房；婴儿性别是女，家人就要找一个温柔、善良、美丽的女性第一个进入产房。这样的出生礼仪，回族人称之为"踩生"。

"踩生"过后的第三天，回族人就要给孩子"洗三"。"洗三"也就是本书第二章中所提到的婴儿的全身沐浴，回族的"洗三"仪式与汉族的大致相同。

婴儿长大后，家人还要为他举行成丁礼。女孩长到九岁、男孩长到十二岁时，就要为他们举行成丁礼。女孩在这一天会进行"盖头"，男孩则会在这一天进行"割礼"。"盖头"，就是女子将自己的头发、耳朵和脖颈用丝巾遮住；"割礼"就是为男子举行割包皮手术。等"盖头"和"割礼"仪式结束后，孩子就从幼年时期走向成年了。

四、与众不同的壮族婚礼

你们知道中国人口最多的少数民族是哪个民族吗？答案是壮族。壮族主要分布在我国的广西、云南、贵州和广东等地，它是一个拥有丰富礼仪文化的民族。

壮族有许多本民族的传统礼仪，但是，在壮族的诸多传统礼仪中，最有趣的还是结婚礼仪。

壮族青年男女恋爱的形式比较有趣，他们通过唱山歌的方式择偶。在壮族人生活的地区，少男少女在十二岁左右就要开始学习唱山歌，这时候，他们只需要学会几首山歌即可。等到了他们十七八岁时，则要学会唱情歌。

每年的固定时间、固定地点，壮族人都会举行隆重的山歌大会，少男少女对唱情歌，如果少女认可某个人，就可以将手中的绣球抛给他。男性收到少女的绣球，如果也对少女有意，他就可以将自己准备的小礼物缠绕在绣球上，再回送给少女。双方情投意合，一场恋爱就开始了。等到了男女双方有了结婚的意愿，他们就可以向父母请求组成家庭。

壮族男女的婚礼大概与汉族的婚礼相似，但接亲之后的回门略有不同。我们知道，汉族的新婚男女在结婚后第二天，丈夫要携妻子，带着礼物一同回到妻子的娘家拜访。壮族的回门是婚礼的最后程序，新郎在第三天同新娘回门，并且，新郎一旦将新娘送回娘家，新娘要许久后才会返回新郎家中。

"许久"一般是指新娘回门后到其正式怀孕的一段时间。壮族的这种婚姻习俗常被人们称为"不落夫家"。不过，这并不代表着夫妻双方不再来往，已经结婚的男女可以随时会面。

"不落夫家"的兴起，有以下三个原因：第一，历史上壮族人结婚过早，年幼的妻子还不能担负起成家立业的职责，在娘家居住期间是她成长学习的时间；第二，如果妻子长时间没有怀孕，二人就可以一拍两散；第三，这样的生活模式可以帮助男女双方互相了解，在磨合当中寻找夫妻的最佳相处方式。

传统的壮族结婚礼仪十分古老，但是却能体现出壮族人们对于婚姻的独特看法。在现代社会，婚姻建立在互相尊重、互相理解、互相认同的基础上，只有双方经历了生活的历练、经过了琐碎的磨合，他们才能拥有更加幸福的婚姻。

五、给贵客"洗手"
——与众不同的维吾尔族传统礼仪

维吾尔族人好客。俗语说："维吾尔人的餐桌上不会空着。"贵客登门，他们必以美味佳肴款待，并且有着极具本民族特色的待客礼仪。

在维吾尔族人的饮食结构中面食所占的比重很大，面食也是维吾尔族人最喜欢的食物，在他们的饮食当中排名第二的是肉类。

以面食、肉类为主的饮食习惯，孕育了维吾尔族人爱喝茶的习惯。一日三餐、从早到晚，维吾尔族人都离不开茶水。

茯茶是维吾尔族人最喜欢的茶饮，因其制作的季节在伏天而得名。每当家中有贵客来访，维吾尔族人都要为客人沏上一杯热气腾腾的茶水，以缓解客人旅途的劳累。

维吾尔族人斟倒茶水时十分讲究。他们为客人沏茶时，一般以右手将茶壶托起，让茶水缓缓沿着茶壶内壁注入茶杯。如果沏茶时溅起水花，就代表对客人不敬。斟茶时，茶水过满也是对客人的不尊重。茶水倒好之后，主人还要双手向客人敬茶，以示对客人的尊重。

除了敬茶之外，维吾尔族的待客礼仪中还有另外一个极为重要的环节——"洗手"。

有人可能会说，饭前便后洗手，这有什么独特的呢？维吾尔族的"洗手"礼仪与普通的洗手可不相同，他们的"洗手"，是在客人进门后完成的，既不是在宴会之前完成，也不是在如厕后完成。

当有人到维吾尔族人家中做客，进门之后，主人就会立刻为客人准备好洗手的清水。等到主人和客人寒暄过后，主人就会邀请客人洗手。洗手的清水，水温不能过高，也不能过低，过高过低都是对客人的不敬。所以，在洗手之前，主人要将水浇在自己的手背上为客人试温。

盛水的容器，也不是传统意义上的水盆，而是一种专门用于洗涤的水壶。客人洗手时，主人要帮客人拿起水壶，再从上方将水浇下，帮助客人清洗双手。

为什么会有如此奇特的规矩呢？这是因为，维吾尔族人认为静止在容器中的水是死水，这种死水意味着不干净、不纯洁，只有流动的清水才能保证手的清洁。所以，人们在洗手前要将水注入水壶，然后以流动的清水洗手。

　　"洗手"这种传统礼仪的流传还有一个重要的原因。维吾尔族人十分珍惜水，浇水洗手，不仅能为他们节省水，还能做到手部清洁。直到今天，维吾尔族人浇水洗手的传统依然被保留了下来，并且成为当地人待客的一种特色礼仪。

六、丰富多彩的苗族节庆

苗族，是具有悠久历史的少数民族，人口分布有着大散居、小聚居的特点。由于苗族分布的地域辽阔，在不同地区的气候、文化等的影响下，苗族的礼仪文化更加丰富多彩，不同地区有着不一样的特色。

历史悠久的苗族拥有丰富的礼仪文化，尤其体现在苗族的特色节日中，如苗年、四月八、吃新节等。这些节日礼仪既拥有民族共同特征，也因为分布地域差异等原因有所不同。

苗年是苗族最为隆重的节日。不过，苗年的时间并不确定，有些地区的苗族将农历的十一月三十日作为除夕，除夕的第二天就是苗年。有些地区则是在农历的九月、十月或者十二月过苗年。

过苗年时，苗族的各家各户都要准备丰盛的食物，如鸡鸭、牛羊、糯米酒等。等到了除夕这天，家人们围聚在一桌，一起享用准备好的晚餐。第二天，人们还会聚集在一起，用蒸好的糯米打糍粑分食。在鞭炮声中，苗年就这样过去了。

四月八也是苗族人重视的节日之一。在贵州贵阳一带流传着这样一个故事：自从原始社会开始，苗族就已经在贵阳扎根，这里虽然位置偏远，但是却有着丰富的食物和水。苗族人互相帮助，过着幸福美满的生活。好景不长，统治者找到了苗族定居的场所，派来了诸多官兵攻打贵阳。苗族的首领"亚努"奋起反抗，冲在战争的第一线。但是，官兵数量实在太多，苗族根本无法抵御官兵的攻打，"亚努"为了保护族人，不幸在战场上牺牲。"亚努"牺牲的这一天，正是农历的四月初八。后来，每年的四月初八，苗族的人们都会盛装集会，共同纪念"亚努"。

后来，四月八逐渐演变成了苗族人们聚会的喜庆节日。人们在这一天欢唱、舞蹈、耍狮、打球、比武……青年男女还会借着热烈的气氛表达爱意。总而言之，这一天人们都融入欢声笑语当中，到处都呈现着一派欢乐的景象。

除苗年和四月八之外，苗族还有一个用于庆祝丰收的节日——吃新节。吃新节没有固定的日期，在一些地区，苗族人每逢收获的季节，就会选出一片长势最好的稻田，在这里举行吃新节的活动。吃新节的时间，由苗族人自行商定，选定了时间，选定了地点，欢快的吃新节就开始了。

节日当天，人们早早就开始在厨房忙碌，烹煮新米，把鸡鸭鱼肉等做成美食。食物做好，人们就装着美食，一同在稻田集合。人们首先要祭祀先祖，祭祀完毕，各家各户将食物摆放在田间，人们则围坐成一个圆圈，互相敬酒，开始"吃新"。

苗族吃新节

吃新节是人们用来表达丰收的喜悦，庆祝阖家团圆的一个节日，它从古代一直延续下来。如今，吃新节仍然是一些地区的苗族人每年必须举办的节庆。

除了苗年、四月八、吃新节这些节日外，苗族还有着诸如捕鱼节、吃信节、花山节等节日。虽然苗族各地的习俗有所不同，但是人们欢庆节日的心情却是相同的。

七、以水送祝福——傣族的传统节日礼仪

提起傣族，你能想到什么呢？一定是泼水节！傣族新年里，人们互相泼水，表达祝福。这样具有民族特色的节日，其实体现的是傣族人对于美好生活的向往。

傣族主要居住在我国云南的西双版纳、孟连、新平、元江等地，傣族人常被称为"水的民族"。这是因为，傣族人的生活与水密不可分。一方面，傣族人喜欢依水而居；另一方面，他们喜爱清洁，认为水是一种神圣的东西，它能够清除人身上的污秽。

傣族人对于水的喜爱也体现在他们的传统文化中，比如傣族的泼水节。

傣历的六月二十四至二十六日是傣族的新年，在这几天里，傣族人会举行一年一度的泼水节。泼水节这一节日，体现了傣族人希望以水驱除灾难和病痛，带来幸福和

平安的美好愿望。

　　泼水节的第一天是傣族辞旧迎新的日子。这天，人们不举行泼水仪式，而是举行规模盛大的龙舟比赛。到了第二天，正式的泼水节才开始。人们从家里带上盛水的锅碗瓢盆，小孩子带着水枪，一同来到人们集会的地点。等领头人一声令下，人们就开始互相泼水。

　　水在傣族人的眼里是祝福的象征，将水泼洒到人的身上，就是给被泼水人的祝福。被泼水最多的人，他收到的祝福就最多。

　　除了泼水节外，傣族还有另外两个与水有关的节日——关门节和开门节。傣族人信仰佛教，关门节和开门节与傣族的宗教信仰有关。

　　传说傣历的九月，佛会到西天讲经，三个月后才会归来。在他讲经的这段时间，佛徒在下乡传教中破坏了村民的庄稼。佛为了弥补村民，就决定以后在每年讲经的三个月里，佛徒都不得出门，只能在寺院中忏悔。人们将这一传说与生活联系起来，就将傣历九月十五日这一天后的三个月作为每年的"关门节"。"开

门节"是在关门节三个月后的傣历十二月十五日举行。

关门节和开门节时，傣族村寨的男女老少都要去佛寺敬佛，他们会将准备好的美食、鲜花和钱供奉给佛爷和佛像。同时，他们还要在佛像前用水瓶滴水。在佛教当中，水是纯净的化身，钟爱水的傣族人民将对水的理解带到了礼佛活动中，认为只有"滴水"才能显示他们的纯洁，显示他们对于佛祖的敬重。

傣族人的节日里都离不开水，也难怪人们将傣族称为"水的民族"。如今，有越来越多的人知晓了傣族的泼水节，并参与到泼水节的狂欢中。

第九章

历史典故中的
礼仪文化

一、周公制礼作乐

相信同学们都听过周公解梦吧！你一定想不到，编制周朝礼仪的周公竟然和"解梦"的周公是同一个人！

周公，又名周公旦，姓姬，氏周，名旦，是我国西周时期著名的政治家、思想家。

大约在公元前 1056 年，周公的亲兄弟周武王姬发继承了父亲姬昌的王位，开始履行征伐殷商的使命。在周公的辅佐下，周武王没过多久就消灭了殷商，建立了周朝。姬发死后，他的儿子周成王继承了天子之位。

由于周成王年纪较小，周公就担负起了处理国家政务的职责。在治理国家的过程中，周公逐渐摸索出了治国方针。一次，周公召集全部的诸侯来到明堂（周朝处理政务的地方），将自己苦心研究的礼乐制度宣告天下，并颁布了法度的标准。这也就是我们所说的周公"制礼作乐"。

周公能够成为中国历史上第一位"制礼作乐"的圣人，与当时的历史背景密不可分。夏商时期，我国已经初步建立了礼仪制度。周朝建立后，国家百废待兴。周朝没有沿用殷商的礼仪制度，而是改弦更张，重新制定制度来稳定统治，加上周朝所实行的诸侯分封制度，使得周朝的帝王需要以成体系的制度来约束诸侯国。因此，以礼仪为核心的治国方针就这样诞生了。

除此以外，礼仪的产生也与周公本人的才能和德行有关。周公制成的礼仪制度中汇聚了前朝的礼仪，在融合前人的礼仪思想的同时，加入了自己对于礼仪的理解。正是周公良好的德行和出众的才华，使周朝礼仪的诞生成为可能。

周朝之后，多个朝代都以周朝的礼仪制度为基础建立本朝的礼仪。可以说，周公的制礼作乐开辟了中华传统礼仪的先河。

二、先贤孔子的礼仪思想

先秦时期的圣人，继周公之后，就是我们熟悉的孔子。孔子继承了周公的思想，认为国家治理应该遵循礼仪。

孔子，名丘，字仲尼，春秋时期鲁国人，后人尊其为孔圣人、至圣，他被评为"世界十大文化名人"之首。

孔子与周公颇有渊源。孔子生活的鲁国，在周朝时期正是周公的封地。所谓"周礼尽在鲁"，由于生活在礼仪诞生地的鲁国，孔子自小就耳濡目染，成了一个有礼仪教养的人。他十分认同周公对于礼仪的见解，并立志做周公制礼作乐的继承者。

为何孔子如此崇尚礼仪呢？我们还得从孔子生活的年代说起。春秋时期诸侯征战，战乱频仍之中，周朝建立的礼仪制度早已土崩瓦解，诸侯不重礼仪，百姓民不聊生。

孔子认为，天下纷争的缘由在于"礼坏乐崩"，社会纲纪紊乱，礼仪缺失。因此，他开始踏上周游列国的道路，希望能够有国君看到自己的才华，用自己的礼仪思想治理国家。

十四年间，孔子踏遍了周围多个国家，然而，竟然没有一个统治者重视自己。从政无门，已经六十八岁的孔子决定放弃政治道路，改用教育和学术改变国家。孔子虽然没有在春秋时期将自己的思想传递给统治者，但是却在后来的无数个朝代中深深地影响了中国的礼仪文化。

贯穿孔子一生的是"礼"和"仁"两种思想。孔子认为，礼仪的根本是"克己"，"克己复礼为仁"，人之所以能成为品格高尚的君子，是因为人能够克制自己的欲望。能够"克己"的君子，符合"礼"的标准。如果人人都能以礼待人，那么，整个社会也就离理想的大同社会不远了。从普通人的视角看是如此，从统治者的角度也是如此。在治理国家的层面上，如果统治者能够"为政以德"，以道德和礼仪来治理国家，那么一个国家就拥有了秩序，符合文明社会的要求。

孔子的礼仪思想，贯穿于我国古代社会的衣食住行当中。即使是在科技如此发达的现代，他的礼仪思想仍有一定的影响力。

三、齐桓公礼贤下士

齐桓公是我国春秋时期齐国的君主，是春秋五霸之一。齐桓公能够做到霸主的地位，与他的以礼待人是分不开的。

齐桓公，姜姓，吕氏，名小白。齐国内乱之后，齐桓公在鲍叔牙的帮助下，经历了种种危难后成为齐国的国君。

齐桓公当上国君后，打算杀死曾经想要刺杀自己的公子纠（齐桓公的兄弟）和辅佐纠的大臣管仲、召忽。当时，公子纠一行人逃到鲁国避难。

为了杀公子纠，齐桓公的辅臣鲍叔牙向鲁国的国君递上了一封书信，信中要求鲁国国君杀死公子纠，并且将管仲和召忽二人遣送回齐国，由齐国人亲自将他们二人处死。

公子纠在鲁国被杀死。大臣召忽看公子纠被杀，于是自杀了。鲁国国君怕管仲自杀，于是就将管仲囚禁起来并送回齐国。

齐桓公想要斩杀管仲时，鲍叔牙却制止了他。鲍叔牙告诉齐桓公，管仲这个人才能出众，如果齐桓公能够知人善任，那么齐国一定会成为一代霸主。在鲍叔牙的劝说下，齐桓公不仅接纳了管仲，而且拜他为宰相。

"如果没有了鲍叔牙劝谏自己，齐国怎么能得到这样一位出色的宰相呢？"在这样的想法主导下，齐桓公改变了自己从前只想招揽服从自己的臣子的想法。

一天，齐桓公偶然得知，一名叫稷的小臣才华十分出众。齐桓公为了给齐国招贤纳士，果断带着随从来到了稷的住处。不过，稷并没有像其他官员一样立刻接待他，甚至连门都没开，直接让门童请齐桓公回去。

齐桓公吃了闭门羹也没有放弃，他一天来了三回，次次都被挡在了门外。这时候，随从告诉齐桓公："您贵为一国的君王，求见一个官位低贱的小臣，一天三次去拜访实在是不值得啊！"

齐桓公回答他："一个贤才，因为轻视官位所以轻视君王；一个君王，从不谋求霸业也会轻视贤士。我作为一个想要谋求霸业的君王，又怎么能轻视贤士呢！"

就这样，齐桓公继续拜访稷，一直拜访到第五次，稷终于被齐桓公成就霸业的决心打动，成了齐桓公手下得力的人才，帮助齐桓公成就了霸主之位。

齐桓公自降身份，五次礼待贤才的故事就被人们总结为一个成语——"礼贤下士"。

四、安车蒲轮——汉武帝和枚乘的故事

汉武帝是西汉时期杰出的皇帝，枚乘则是西汉时期著名的谏臣，在他们之间有什么样的礼仪故事呢？

枚乘，字叔，西汉时期著名的辞赋家，他颇具才华，曾经是吴王刘濞帐下的一名侍从。吴王刘濞是谁呢？他是汉高祖刘邦（汉朝的开国皇帝）的侄子，曾经被汉高祖加封为吴王，是汉朝的一个诸侯王，也是汉朝七国之乱的参与者之一。

故事还要从七国之乱讲起：汉景帝时期，在群臣的提议下，汉景帝决定削弱诸侯的势力。这一决定惹怒了当时的诸侯王，也就是包括吴王刘濞在内的七个诸侯。

吴王联合其他六个诸侯王决定叛乱，这消息传到了当时吴王帐下侍从枚乘的耳朵里，他立刻上疏劝谏吴王，希望他能"浪子回头"，及时打消造反的念头。此时的吴王

已经被仇恨和欲望冲昏了头脑，他并没有理睬枚乘的劝谏。枚乘见此情形，毅然离开了吴王，投到梁孝王门下当一名作赋宾客。

这个时候，枚乘还没有放弃劝说吴王，他再一次上疏劝谏吴王，期望吴王能放弃分裂。吴王依旧一意孤行，没有反悔的念头。后来，七国之乱被汉景帝镇压，吴王被处死。枚乘则因为善于劝谏而名声大噪，受到汉景帝的重视，连汉景帝的儿子汉武帝刘彻也十分欣赏枚乘。

没过多久，汉景帝想要枚乘担任地方官，但是枚乘志在文赋，于是称病拒绝了汉景帝的旨意，仍然选择在梁孝王门下当宾客。

枚乘当官的才能，我们无法得知，但是他作赋的水平却十分高超。汉朝第一篇大赋《七发》就是枚乘的作品。他的《柳赋》《梁王菟园赋》等作品也十分有名。

时光荏苒，梁孝王去世后，枚乘回到了自己的老家淮安，过起了闲云野鹤的生活。几年后，汉景帝去世，他的儿子汉武帝刘彻继承了大统。

刘彻当太子时就十分仰慕枚乘，为了能够与枚乘会面，汉武帝就命人以"安车蒲轮"的方式，将枚乘从淮安接到京城。

古代的道路并不平坦，加上马车的车轮较硬，所以人

坐在马车上会感觉十分颠簸。而所谓"安车蒲轮",就是
将车轮用带有芳香的蒲叶包裹,以减轻马车的震感,使人
坐车能够舒适一些。

"安车蒲轮"是汉朝人对待贵宾的一种礼仪行为,此
举也显示了汉武帝求见枚乘的诚心。但是,最终汉武帝与
枚乘还是没能相见。年迈体弱的枚乘,虽然乘上了舒适的
马车,但是他最终也没有经受住旅途的劳顿,在半路上就
"驾鹤西去"了。此后,人们就将"安车蒲轮"比作迎接
贤者的礼敬。